Amis pour la vie

DU MÊME AUTEUR

Lettres d'amour en Somalie, Éditions du regard, 1983

Tous désirs confondus, Actes Sud, 1988

Destins d'étoiles, t. I à IV, P.O.L/Fixot, 1991-1992

Les Aigles foudroyés, Robert Laffont, 1997

Mémoires d'exil, Robert Laffont, 1999

Un jour dans le siècle, Robert Laffont, 2000

La Mauvaise Vie, Robert Laffont, 2005

Le Festival de Cannes, Robert Laffont, 2010

Le Désir et la Chance, Robert Laffont, 2012

La Récréation, Robert Laffont, 2013

Une adolescence, Robert Laffont, 2015

Mes regrets sont des remords, Robert Laffont, 2016

Le Pays de l'innocence, Robert Laffont, 2017

Le Duel. Napoléon III et Victor Hugo, XO Éditions, 2019

Une drôle de guerre, Robert Laffont, 2020

Sans rancune et sans retenue : une conversation libre (avec le président Valéry Giscard d'Estaing), XO Éditions, 2021

1938. L'œil du cyclone, XO Éditions, 2022

Brad, XO Éditions, 2023

Frédéric Mitterrand

Amis pour la vie

Mialet-Barrault Éditeurs
3, place de l'Odéon
75006 Paris

www.mialetbarrault.fr

I

Thierry

Quelques souvenirs. On jugera peut-être que nous étions de très sales gosses Thierry et moi, enfants de riches habitués à une vie facile, immatures, volontiers malfaisants, obsédés par la violence et par le sexe. La vérité est bien différente, les anecdotes que je relate ne rendent pas compte suffisamment de l'intensité de notre amitié ni de l'extraordinaire personnalité de Thierry. Nos conversations qui occupaient l'essentiel du temps que nous passions ensemble se sont évanouies tandis que certaines images se sont imprimées dans ma mémoire à tel point que je les emporterai avec moi jusqu'à ma mort. Mais elles ne saisissent que des instants éparpillés autour d'une existence bien plus ample qu'il s'acharnait à construire avec une énergie, un courage et une lucidité qui me paraissent encore exemplaires tant d'années plus tard et avant que l'oubli n'efface tout à fait ce qu'il fut, lorsque disparaîtront à leur tour tous ceux qui le connurent. Au fond, c'est seulement de moi que je parle quand je parle de lui. Thierry aimait son petit Freddy, il lui aurait pardonné cette trahison. Je regrette aussi d'avoir écrit ce texte, il m'aide pourtant à supporter le manque et le chagrin que je ressens à chaque fois que je pense à lui.

Thierry a les cheveux coupés en brosse. Il considère que ce n'est plus de son âge, il s'en plaint amèrement à sa mère. Au fond, elle est d'accord avec lui, elle accepte qu'il puisse se coiffer normalement désormais. Il me dit : « J'ai quand même de la chance, toi, avec ta gouvernante, tu ne peux jamais rien dire. »

Thierry va au *Toro de fuego* avec sa sœur et mes frères. La gouvernante refuse que j'y aille aussi, elle m'oblige à rester à la maison, je suis trop petit pour sortir le soir, je dois me coucher tôt. Il dit : « C'est rien le *Toro de fuego*, juste un petit feu d'artifice en plus moche, seulement un type avec des cornes et des pétards qui court. Si j'étais toi, je lui dirais que je m'en fiche du *Toro de fuego*, mais je sais que le petit Freddy ne peut pas. Ce serait trop dangereux pour lui. »

Thierry ne peut pas saquer la gouvernante, elle se méfie de lui mais il échappe à ses radars. Il raconte à ses parents les mauvais traitements qu'elle m'inflige. Ses dénonciations entraînent parfois

quelques remous familiaux, mais la gouvernante est
très forte, elle joue la vertu outragée et on en reste
là. D'ailleurs, comme beaucoup d'enfants battus, je
prends régulièrement parti pour mon bourreau et
pleure à chaudes larmes quand elle menace de s'en
aller. Il me dit : « Et tu l'aimes en plus ! Tu es encore
plus mal que je ne le pensais. Tu ne t'en sortiras
jamais si tu continues à répondre que ce n'est
qu'une chiquenaude quand elle te gifle à t'en décol-
ler la tête. »

Thierry assure ma défense. À Saint-Jean-de-Luz,
j'ai chipé chez le coiffeur où s'est rendue ma mère
des oreillettes que les dames portent sous le séchoir
pour se protéger de la chaleur. Mini-scandale, j'ai
ordre de les rapporter. Heureusement, la gouvernante n'est pas là, en vacances dans sa famille. La
punition aurait pu être pire, mais j'ai honte, je ne
sais pas comment m'y prendre. Il me dit : « Je vais
avec toi, on dira qu'on voulait voir si on peut aussi
se les mettre sur les couilles ! »

Thierry et moi prenons notre goûter dans la cuisine, chez ses parents. De grandes tasses de café au
lait avec des tartines beurrées de pain frais. Je ne
sais plus ce qu'on pouvait bien se raconter, mais ce
sont des moments bien agréables où nous sommes
tous les deux sans que personne nous embête. Un
autre jour, Thierry mord dans une tomate entière
au lieu de la découper dans son assiette. Nous

sommes en train de déjeuner chez lui mais il n'y a pas de parents à l'horizon et on n'est pas obligés de se tenir très bien. Il me dit : « Manger une tomate comme ça avec du sel, il n'y a rien de meilleur. »

Thierry et moi, nous achetons des crêpes dans une boulangerie réputée de la place Victor-Hugo. Elles sont froides, sèches, racornies. Il s'en plaint à la patronne qui envoie bouler ce gosse de riches mal élevé. La serveuse est bien gentille et a l'air désolée. Il me dit : « On se tire Freddy, ce sont des voleurs, je ne sais pas ce que tu leur trouves. Tant pis pour la serveuse, il ne faut pas plaindre les esclaves ! »

Thierry dessine très bien, aux crayons de couleurs, des scènes de batailles entre les Français et les Anglais. Il pense beaucoup de mal des Anglais, qui sont hypocrites et perfides. Ils ont toujours voulu nous faire la guerre et nous abaisser ; en plus, ils mangent des nourritures infâmes. Le répertoire des griefs et des histoires de Thierry contre les Anglais est inépuisable. Il a du mal à pardonner à ses parents que tout le quartier se soit réuni devant le téléviseur pour assister au couronnement de la reine. Pourtant, chaque été, une dame anglaise d'un certain âge et d'une allure très respectable s'installe dans la famille pour que Thierry et sa sœur pratiquent la langue de l'ennemi pendant les

vacances. Thierry se tient à carreau mais il l'imite
en douce, se moque d'elle dès qu'elle a le dos
tourné et m'affirme qu'il la déteste. Moi je la
trouve plutôt gentille, et au fond Thierry aussi qui
force un peu la note pour ne pas se l'avouer. Il me
dit : « Décidément, tu es bien trop sensible et tu
ne sais rien. Le petit Freddy devrait avoir honte,
après tout ce qu'ils nous ont fait depuis la guerre
de Cent Ans et Jeanne d'Arc ! Tu ne penses jamais
à Waterloo, à Fachoda, à Mers el-Kébir ? »

Thierry ne digère décidément pas Waterloo. Il
me soutient qu'en fait Wellington avait perdu la
bataille et que Napoléon a été trahi. Il n'a pas de
mots trop durs pour Hudson Lowe, le gardien de
l'Empereur à Sainte-Hélène, qui a persécuté son
captif et l'a certainement fait empoisonner avec la
duplicité et le sadisme propres aux Anglais. Il me
dit : « Tout ça ne serait pas arrivé si Grouchy
n'avait pas perdu son temps à manger des fraises
au lieu de se presser pour nous porter secours. »

Thierry se déshabille devant notre casier au vestiaire du Racing. On se change pour mettre nos
maillots de bain. J'ai 11 ans et Thierry 13. Je
l'observe à la dérobée, il a déjà des poils. C'est un
choc pour moi, nous étions encore des petits garçons quand nous avons décidé d'aller à la piscine
tout à l'heure et voilà maintenant que c'est un
jeune homme qui est passé de l'autre côté. Il n'a

pas l'air de s'en soucier, je pense qu'il a de la chance, j'ai peur aussi qu'il ne veuille plus me parler. Il me sourit d'un air dégagé, il me dit : « C'est venu très vite, ça ne va pas tarder pour le petit Freddy non plus. »

Thierry pisse dans la cage d'escalier pour faire chier la concierge et les autres locataires. À force, ça finit par sentir, et comme il n'y a que lui pour commettre un tel forfait, on finit par l'attraper. Sa mère est furieuse contre lui, elle l'engueule copieusement. Il me dit : « Tu es le seul à comprendre. Je les emmerde tous, je marque le territoire. »

Thierry me raconte quand il s'est masturbé pour la première fois. Quelque chose le démangeait depuis le matin, une sorte de pulsion mystérieuse dont il n'avait pas l'habitude. C'est dans l'ascenseur, en montant chez lui, au sixième, qu'il a commencé à se branler. Il s'agissait d'un ascenseur à vapeur, modèle ancien, qui mettait du temps à franchir poussivement les étages. À l'arrivée, tout était fini et Thierry était fou de joie. Il me dit : « Tu verras quand ça t'arrivera, ça vient par surprise et c'est une sensation fantastique, un plaisir dont tu n'as pas idée. J'ai recommencé dans ma chambre, pratiquement tout de suite. »

Thierry est toujours poli avec les grandes personnes, il se comporte bien plus gentiment avec les gens qui sont au service de ses parents que la plupart des garçons de notre milieu favorisé. Cela ne l'empêche pas de faire tout un tas de trucs invraisemblables, de se bagarrer facilement et de pouvoir se montrer violent avec des accès de sadisme. Je l'aime aussi pour cela. Il me dit : « Il ne faut pas se fier aux apparences, le plus sale gosse de nous deux, c'est toi, le petit Freddy qui n'ose rien faire. Moi, je teste, je vais à la limite. »

Thierry a été mis en pension à Saint-Martin de Pontoise. Ses parents le trouvent trop nerveux et dissipé et pensent que cela lui mettra du plomb dans la tête. Je ne le vois plus que pendant les week-ends. Il déteste la pension, mais ses résultats scolaires sont excellents et il n'est pas question qu'il retourne au lycée. Il se venge à sa manière. Il me raconte qu'il baise avec tous les garçons qu'il veut à l'internat. Il y a plein d'occasions et c'est encore plus excitant de ne pas se faire prendre. D'ailleurs ce serait une sorte de règle générale, selon lui, ils le font tous. Je ne doute pas qu'il soit un caïd dans ce genre d'exploit et que personne ne lui résiste longtemps. Je fais le choqué mais je lui demande sans cesse de me raconter. Il me donne des détails, il me cite des noms, il m'assure qu'il adore ça et que c'est la seule raison qui lui permette de suppor-ter la pension. Ça l'amuse de voir ma tête. Il me dit : « Le petit Freddy en pension, avec sa gueule d'ange, il y passerait tout de suite. Mais tu ne feras pas long feu, les curés sont vicieux, tu te ferais repérer. Tu imagines l'exclusion, le scandale ! »

Thierry nous attend un samedi matin. Je viens le chercher à Saint-Martin avec son père. Je dissimule tout ce que je ressens devant l'allée aux grands arbres, le parc, les bâtiments où j'imagine les salles de classe, les vestiaires pour le sport, les box où dorment les pensionnaires séparés par un simple rideau dans les dortoirs. Je vois passer au loin quelques élèves. Lui peut-être ? Lui sûrement ? Je me suis habillé comme eux, pantalon de flanelle, chemise blanche et blazer. Thierry apparaît dans le même uniforme mais dans son cas c'est pour de vrai. Il a l'air extrêmement heureux de me voir. Comme un chien fou qui retrouve son maître alors qu'au fond c'est moi le chien et lui le maître. Son père est un peu surpris mais il met cette joie sur le compte du week-end qui commence, de cette amitié entre deux garçons qu'on cite en exemple dans nos familles. Thierry avise ma tenue. Il me dit : « Alors comme ça Freddy voudrait aussi se faire de gentils petits camarades ? »

Thierry et moi nous sommes allés voir un film sur la guerre d'Indochine. Il y avait beaucoup de scènes de violence, des séquences avec des jeunes militaires français aux cheveux ras, brutaux et désenchantés, des combattants vietnamiens prisonniers, tout aussi jeunes, entravés et accroupis dans l'attente de leur sort. Thierry aime les films de guerre et celui-là lui a beaucoup plu. Il me dit : « Maintenant, ce qui me tente le plus, ce sont les Jaunes, la peau des Jaunes. Elle doit être tellement douce. Il n'y a pas de Jaunes à Saint-Martin. »

Thierry écrit un traité qui prouvera que Dieu n'existe pas. Il en veut particulièrement à l'Église catholique qui est coupable de plein de crimes : l'Inquisition, le massacre des Indiens d'Amérique, le silence sur l'holocauste des Juifs. Je n'ai pas le courage de le suivre car j'ai encore peur de l'enfer et puis je trouve le nouveau pape Jean XXIII plutôt sympathique. Il me dit : « Le petit Freddy s'emmerde à la messe et il n'ose pas le dire ! C'est simple pourtant, si on s'emmerde tellement, c'est qu'on n'y croit pas ! »

Thierry s'est battu pour rire avec mon frère. Ils sont à peu près de la même force. Je n'ai pas assisté à la séance mais mon frère garde une impression bizarre de leur lutte. Thierry était extrêmement excité, il avait un comportement étrange. Je n'ose pas demander des précisions à mon frère. Thierry m'en donne très tranquillement. Il me dit : « Ton frère est plus baraqué que moi et il sait bien se battre. Mais il y a des prises auxquelles il n'est pas habitué et ça rétablit l'équilibre. »

Avec Thierry, nous profitons de nos dimanches d'hiver pour nous promener dans Paris, on explore méthodiquement des quartiers qu'on ne connaît pas et on visite les musées. On se dispute aussi parfois à la fin de la journée quand il a l'angoisse du retour à Saint-Martin. Il veut aller à droite, je veux aller à gauche, histoire de montrer que je peux faire ce que je veux, c'est aussi bête que ça. Il n'y a pas de vrais motifs, il trouve seulement que je ne l'écoute pas assez, que je ne suis pas aussi courageux et aussi curieux que je devrais l'être, il aurait mieux fait d'aller à la campagne avec ses parents plutôt que de me traîner comme un boulet. On boude en rentrant dans le métro, chacun de son côté. Ça s'arrange quand on approche de la maison, nous habitons juste à côté l'un de l'autre. Il me dit : « Allez, ce n'était pas mal quand même. À dimanche prochain. Pense à moi pendant cette semaine. »

Quand nous allons au cinéma, Thierry et moi, c'est presque toujours moi qui choisis le film. J'ai toute la semaine pour y réfléchir. On va voir *Le Fanfaron*, des comédies marrantes, mais aussi *Électre* ou des films japonais, et là encore il arrive qu'on se dispute à la sortie s'il n'est pas content de mon choix. Le cinéma nous excite et nous met de mauvaise humeur quand il n'a pas aimé le film. On se quitte comme si on n'allait jamais se revoir. Un peu après, on se parle au téléphone. Il me dit : « Et moi, qu'est-ce que je vais devenir si le petit Freddy en a marre de moi ? Et toi, tu seras bien avancé si je ne veux plus te voir. »

Thierry et moi, nous traînons pas loin de la place Pigalle. Nous commandons des hot-dogs à un comptoir ouvert sur le boulevard. Le type qui nous sert, un blond d'une trentaine d'années, gras et blême, a le regard mauvais. Il nous tend les hot-dogs en nous fixant désagréablement et il nous tient des propos pornographiques absolument dégueulasses en appuyant sur chaque mot. J'ai envie de m'enfuir, Thierry fait celui qui n'a pas entendu. Je ne saurai jamais ce qui est passé dans la tête du type, la haine des jeunes bourgeois que nous sommes sans doute, égarés dans son quartier, une pulsion perverse à l'égard du jeune chérubin et du beau gosse apparemment trop polis pour lui répondre et se plaindre. J'en parle à Thierry un peu plus tard en lui citant exactement les paroles du vendeur de hot-dogs ; Thierry n'a vraiment pas entendu. Il veut revenir en arrière et le retrouver pour lui casser la figure. Trop tard, il n'est plus là et son comptoir est fermé. La perspective d'une bagarre sur ce boulevard où l'on n'arrête pas de croiser des mecs à la mine patibulaire ne me disait rien qui vaille et je persuade Thierry de laisser tomber. Il me dit : « Et en plus on va certainement être malades, ses hot-dogs étaient immangeables ! »

Thierry ne partage pas mon goût pour les choses du passé. On détruit beaucoup d'anciens hôtels particuliers dans notre quartier pour construire à la place de grands immeubles modernes que je trouve très moches. Thierry n'est pas d'accord avec moi. Il me dit : « On s'en fout de tes vieilles baraques, il faut tout raser pour faire du neuf. Allez, hop, çà et là, on rase et on met dix étages à la place. C'est bien mieux comme ça ! »

Thierry aime la Sologne. Il y va souvent pour les petites vacances. Des parents âgés et on ne peut plus « vieille France » y habitent à l'année, dans une gentilhommière très *Le Grand Meaulnes* perdue parmi les bois et les étangs. Ils y vivent au contact de la nature, pleins de bonne humeur et de santé. Ils chassent aussi beaucoup, la forêt est giboyeuse. Thierry se passionne pour leurs récits de chasse, les histoires de meutes, de cerfs et de sangliers. Il me dit : « Tu vois ce livre, *La Dernière Harde*, cela fait longtemps que je n'avais rien lu d'aussi beau. Et moi je suis le cerf rouge ! »

Thierry est fasciné par la myxomatose des lapins, cette maladie qui devait limiter leur population mais qu'on ne peut plus contrôler. Il me dit : « J'en ai vu plein dans les champs en Sologne, ils pourrissent de l'intérieur avant de mourir. Tu imagines les médecins fous qui ont inventé un truc pareil, s'ils avaient essayé sur les hommes ! »

Thierry a beaucoup aimé son séjour en Australie où ses parents l'ont envoyé pour les grandes vacances. Il habitait chez des gens fortunés qui se sont mis en quatre pour lui faire plaisir. Il a conduit une moto et chassé les kangourous. Il me montre les photos. Je le trouve magnifique sur sa photo, de profil, en blouson de cuir. Il ressemble à James Dean. Je suis moins excité quand il brandit par les oreilles un pauvre kangourou mort. Il me dit : « Le petit Freddy est décidément trop sensible. Regarde plutôt, la moto c'était une Triumph, la carabine une Winchester, *all made in England* ; tu vois que je ne suis pas de parti pris, je sais reconnaître ce qui est bien. »

Thierry a voulu voir des Aborigènes en Australie mais la famille très sympa qui l'hébergeait trouvait l'idée bizarre. Il n'a aperçu que des pauvres types en banlieue, alcoolos et misérables. Il me dit : « Ce sont leurs Indiens et ils les ont tellement écrabouillés qu'ils vont finir par disparaître. Pourtant c'est une chance de pouvoir rencontrer des hommes préhistoriques. Je sais que Freddy pense comme moi. »

Thierry tire à la carabine sur les pigeons depuis le balcon de sa chambre au sixième étage. La vue donne sur la cour de l'immeuble, elle est dégagée jusqu'à la petite avenue de Montespan en contrebas, c'est très calme. Cette avenue nous intéresse d'ailleurs beaucoup, à cause de la maison de rendez-vous dont nous nous amusions à tirer la sonnette quand nous étions plus petits. Mais il s'agit maintenant d'une tout autre affaire. Thierry est précis, il ajuste très bien sa carabine, il fait une hécatombe de pigeons qui tombent un peu partout autour de la maison de rendez-vous. Les détonations font sursauter les voisins, les cadavres de pigeons alarment les passants, on se plaint, on enquête, on débusque le coupable. Le tribunal familial est mouvementé mais finalement indulgent. Thierry assure qu'il ne recommencera pas et garde sa carabine. Il me dit : « Le chat de la concierge s'en tire bien. C'est un animal horrible, je le déteste, c'est lui que je voulais descendre. »

Thierry a perdu Ulric, le berger allemand qui faisait peur à tout le monde et n'appartenait en fait à personne précisément dans la famille tant il était imprévisible et féroce. Sauf à Thierry qu'il avait choisi pour maître et à qui il obéissait au doigt et à l'œil. Le molosse a été empoisonné dans la propriété familiale du Midi par des voisins que ses maraudes terrifiaient. Thierry me montre une photo d'Ulric façon fidèle Rintintin qu'il a soigneusement placée dans un cadre de métal argenté. Il en parle comme d'une personne, un autre ami très cher. Il me dit : « Regarde, c'est le portrait du défunt, il monte la garde dans ma chambre. »

Thierry m'a trouvé très bien dans *Fortunat*, le film que j'ai tourné avec Michèle Morgan et Bourvil. Il arrête des gens dans la rue quand nous sommes ensemble pour leur demander s'ils m'ont reconnu. Ils restent interdits en général et me considèrent avec méfiance. Thierry insiste pourtant, il leur déclare que je suis la révélation des jeunes acteurs, bien meilleur que Joël Flateau, le petit héros de *Sans famille* qui a obtenu un succès extraordinaire. Il leur arrache la vague promesse d'aller voir mon film. Il a un tel culot que ça me fait rigoler, mais en même temps cela me gêne un peu. Il me dit : « Mais enfin, tu ne te rends pas compte, je suis le meilleur ami du nouveau Joël Flateau ! »

Les parents de Thierry s'engueulent souvent et parfois très violemment. Leurs fortes personnalités se carambolent. C'est à se demander pourquoi ils continuent à vivre ensemble. Mais ils doivent certainement s'aimer à leur manière puisqu'il n'est jamais question de séparation ou de divorce. Thierry n'a pas l'air de souffrir de leurs disputes, il les considère très paisiblement. Lorsque les éclats nous parviennent, il me dit : « Pas d'agitation malsaine ! Il faut éviter l'agitation malsaine ! »

Thierry aime beaucoup sa sœur aînée, ça tombe bien, moi aussi. Elle est très proche de mes frères. Il me parle souvent d'elle avec admiration, de ses études, de ses amis. Ils traversent ensemble les tumultes de la vie familiale en adoptant la même attitude tranquille. Il me dit : « C'est curieux, on n'a pas vraiment besoin de se parler, on se comprend tout de suite. »

Thierry se passionne pour la Révolution française. Il la vit comme une terre d'aventures où il aurait joué tous les rôles, entre Saint-Just et le Mouron rouge. Il aurait affronté les périls dans chaque camp pour mettre à l'épreuve sa capacité à s'en sortir sain et sauf. Les procès et la Terreur le fascinent particulièrement. Il me dit : « Fouquier-Tinville colle une particule à un accusé dont il réclame la tête. L'homme répond : "Je suis ici pour me faire raccourcir et pas rallonger !" Le public rit, on le libère. Quelle présence d'esprit, tu te rends compte ! À quoi ça tient la différence entre la vie et la mort ! »

Avec Thierry on passe pas mal de temps dans sa chambre. La fenêtre du sixième ouverte sur le ciel, les meubles anglais, le papier peint vert, les soldats de plomb de l'enfance, de plus en plus de livres, une machine à écrire, des feuilles de papier pour écrire et dessiner, la petite boîte en argent où il range ses timbres et que j'ai toujours sur mon bureau, tout est en ordre, bien rangé. Il me parle de ses lectures, il me lit les textes qu'il écrit, il teste sur moi ses idées, ses réflexions dans toutes sortes de domaines. La politique ne l'intéresse pas vraiment, il préfère l'histoire. (Qu'aurait-il fait en 68 ? Une bombe sur les barricades, certainement.) Il est heureux de m'avoir

auprès de lui, comme un disciple attentif et admira-
tif, bien qu'il ne soit jamais ni prétentieux ni condes-
cendant à mon égard. Il revient souvent sur la
Révolution, il me dit : « Louis XVI, il demandait
des nouvelles de La Pérouse au pied de la guillotine,
et il a fait taire les tambours pour s'exprimer une
dernière fois. Il a eu un geste d'autorité qu'il n'avait
jamais eu avant. Moi je pense que j'aurais tout fait
pour le sauver, et parfois je pense le contraire. »

Thierry me montre des Arabes dans le métro.
On est en pleine guerre d'Algérie et les gens évitent
de les regarder en face. Dans notre quartier tous
les bourgeois sont Algérie française. Il me dit : « Tu
sais, la vérité c'est qu'ils en ont peur. Tous français,
tu parles ! Les massacres, le sourire kabyle, mais
nous c'est pas mieux, la torture, les ratonnades. On
les a trop fait chier les Sidis, c'est normal qu'ils se
vengent. »

Thierry dévale les pistes aux sports d'hiver. Je
suis loin de skier aussi bien que lui. La différence
d'âge et mon inaptitude jouent contre moi, il passe
plus de temps avec mes frères, sa sœur, leurs amis.
J'en souffre un peu mais j'évite de me plaindre. Le
chalet que mes parents ont loué est plein, il est
difficile de se parler. On se retrouve un jour dans
un restaurant d'altitude où tout le monde s'est
donné rendez-vous. Grand soleil, repas bien arrosé,
ambiance générale euphorique. J'ai toujours les

photos de ces moments particulièrement heureux. Il a l'air d'un homme et moi d'un garçonnet mais il me serre contre lui. Il me dit : « Je suis un vieux loup de mer et le petit Freddy encore un moussaillon, mais prends garde, à la courte paille, c'est moi et moi seul qui le mangerai. En attendant, tu me suis et tu descends schuss, sans discuter. »

Thierry affronte tous les dangers pour gagner un Chamois d'or. Il ignore superbement les risques d'accident, mais je sens bien qu'il y pense quand même. Une amie de nos mères vient de se casser la jambe, elle se déplace avec des béquilles. Il me dit : « Quadruple fracture, trois mois dans le plâtre, une si belle femme, tu crois qu'elle pourra remarcher normalement un jour ? »

Thierry est facilement jaloux de mes camarades de classe, et plus particulièrement de mon copain anglais, à moins qu'il ne le trouve très mignon. Nous marchons tous les trois pour aller au cinéma Ranelagh. Mon copain anglais marche un peu devant nous. Je regarde sa nuque, ses épaules, Thierry aussi. Il me dit : « Et tu le crois quand il te raconte qu'il ne se passe rien entre eux dans son collège ? Tu ne connais rien aux Anglais, le petit Freddy est vraiment trop naïf. »

Thierry me lit des extraits des *Fleurs du mal*. Il me parle de Baudelaire avec enthousiasme. Il me récite en entier « Le bateau ivre » qu'il a appris par cœur. Alors que j'ai toujours du mal à retenir les poèmes qu'on doit apprendre pour la classe de français. Il me dit : « Freddy ferait mieux de s'intéresser à la vraie littérature plutôt que de perdre son temps dans *Cinémonde* et des récits sur les princesses. »

Avec Thierry, on ne se parle pratiquement jamais de filles, et de femmes encore moins. J'ai 14 ans, Thierry en a 16, tous les garçons dans nos âges parlent sans cesse des filles, c'est le principal sujet de discussions des adolescents. Pas nous. Les filles m'angoissent, je n'ai rien à en dire. Je fais des efforts avec mes copains en classe, j'essaie de donner le change, mais je bifurque sur un autre sujet dès que c'est possible. Avec Thierry, ce n'est pas nécessaire, je préfère revenir sur ses histoires de pension, même si je sens bien qu'il s'en détache peu à peu et qu'il se dirige à son tour, sans me l'avouer, vers les filles. Il commence à aller dans les rallyes le samedi soir, je présume qu'il doit y faire des ravages. C'était un temps où les filles ne couchaient pas encore, sauf la délurée de service, mais oui, j'en suis sûr, je sais qu'il y fait des ravages. Moi je suis encore trop jeune pour les rallyes et il ne veut pas me laisser en arrière, sur le bord de la route, donc il ne me parle pas de filles. Sauf quelques fois tout de même, allusivement, l'air de rien. Il me dit : « J'ai des potes [lesquels ?] qui sont

allés voir des putes. Ça s'est mal passé. Quand on
est bien, on n'a pas besoin d'aller voir des putes. »

Thierry a enfin quitté l'internat pour le lycée
Janson où je progresse péniblement depuis le début
de ma scolarité. Il est inscrit dans une classe au-
dessus de la mienne, nous n'avons malheureusement pas les mêmes horaires, je le croise seulement
aux récréations. Ce que j'avais accueilli comme un
motif de joie inespéré est l'objet d'une frustration
permanente. Les grandes vacances nous ont séparés. Nous nous sommes beaucoup écrit, mais il a
beaucoup changé lorsque je le retrouve à la rentrée,
cette rentrée qui me déçoit tellement. Il est impres-
sionnant de virilité et de force physique, notre différence d'âge s'est accusée, j'ai l'impression plus
que jamais d'être encore un gamin lorsque je me
compare à lui. Il a pris un ascendant immédiat sur
ses camarades, les plus balèzes l'entourent comme
des lieutenants. Il est aussi parmi les meilleurs de
sa classe, je me sens triste et misérable lorsque je le
vois passer dans la cour, je ne sais plus comment
attirer son attention. Il me prend à part et
m'entraîne à l'écart. Il me dit : « C'est une libération pour moi d'être ici après Pontoise. Il faut que
tu comprennes ce que je suis en train de vivre, un
sentiment de liberté inespérée. »

Avec Thierry nous parlons souvent de nos pro-
grammes d'histoire. C'est une matière que nous

aimons et pour laquelle nous avons la réputation d'être fort. Mais il y a encore ce satané décalage d'une année. J'en suis au XIXᵉ siècle quand il étudie l'histoire contemporaine. De toute façon, il lit tellement qu'il accumule des connaissances qui vont bien au-delà de ce qu'on lui demande. Il me dit : « Ce qui est plus intéressant que tout le reste, ce sont les relations internationales, les crises, la diplomatie, les alliances, Bismarck, tu verras quand tu y seras, tu ne pourras plus t'en détacher. »

Thierry lit les *Mémoires* de De Gaulle, il aurait voulu être à Londres en 40 et s'engager dans la France libre. Il admire la Résistance, Jean Moulin et Brossolette. Il me dit : « Freddy, tu te rends compte. Se jeter par la fenêtre pour ne pas parler sous la torture, ça c'est du courage, je ne sais pas si j'en serais capable. »

Thierry aime bien les histoires drôles. Il les retient quand je les oublie et il sait les raconter avec un talent d'imitateur et un sens de la mise en scène qui font rire tout le monde, sa mère en particulier, son meilleur public. Il me dit : « Un type pète bruyamment dans un dîner chic. Embarras général. Il se penche vers sa voisine, une dame élégante qui ne sait plus où se mettre et lui glisse : "Dites que c'est moi." Tu ne trouves pas que c'est marrant dans le genre cruel ? »

Thierry a couché pour la première fois avec une fille aux sports d'hiver, à Val-d'Isère. Il me montre sa photo. Ils sont en train de se battre avec des polochons dans une boîte de nuit. C'est une blonde très belle que je connais de vue. Tout s'est bien passé et il en a retiré une satisfaction formidable. Il sent que ça me rend triste, même si je n'ose pas le lui avouer. Il me dit : « Ne t'inquiète pas, ça ne change rien, c'est arrivé par hasard et je ne l'ai pas revue. Après, on avisera si j'ai envie de recommencer. »

On se balade avec Thierry en avril au parc de Bagatelle. Thierry examine attentivement les bourgeons sur un arbuste. Il y a un air d'allégresse sur son visage et dans le ton de sa voix. Il me dit : « Nous sommes venus juste à temps, c'est le bon moment, ils sont sur le point d'éclater. »

Thierry écrit très bien, les cartes postales qu'il m'envoie sont très amusantes et pleines de remarques intéressantes sur ses rencontres et ses lectures. Il rédige plus que jamais des notes sur l'histoire, la religion, les auteurs qui sont dans son programme en terminale. Il les tape à la machine et me les lit. Parfois j'en ai un peu assez qu'il me fasse la leçon et il n'aime pas que je lui dise que je ne comprends pas ce qu'il écrit. Alors je fais amende honorable et le petit cours reprend. Je ne connais personne, hormis mes grands frères, qui ait autant de curiosité, une telle soif d'apprendre et de confronter ses idées

avec les autres. Les adultes sont d'ailleurs épatés par
son intelligence, on en parle autour de nous comme
d'un garçon à la personnalité extraordinaire. Les
familles ont toujours un peu de mal à reconnaître
ce genre de choses, mais son exemple revient dans
les conversations quand il n'est pas là avec une sorte
de sidération admirative qui ne trompe pas et dont
je suis fier puisque je suis son meilleur ami. Il me
dit : « Plus tard, je ne crois pas que je me lancerai
dans les affaires, comme papa ; la philo, c'est bien
plus important que de gagner de l'argent. »

Thierry sait bien que je l'attends le samedi au
printemps quand il fait beau. En mai, en juin,
avant que les grandes vacances ne nous séparent.
Angleterre, voyages, invitations familiales, c'est à
croire que tout est organisé pour qu'on passe
moins de temps ensemble. Il y a des week-ends où
il part en Sologne avec ses parents et d'autres où il
reste à Paris. Je suis toujours bien renseigné, même
si nous mettons une sorte de point d'honneur à ne
rien préciser pour le prochain samedi où il sera là.
On se réserve la surprise. Je suis dans ma chambre
à l'entresol avec la fenêtre ouverte sur la rue enso-
leillée. Je fais semblant de travailler, je guette le
moindre bruit, j'ai hâte de le voir. J'entends sa
mobylette qui arrive, le tintement de la sonnette
qu'il actionne. Je me penche à la fenêtre, il est là
en contrebas, souriant comme s'il venait de me

jouer un bon tour. Je résiste un peu pour la forme en prétextant mes devoirs à faire, mais il n'a pas besoin d'insister et je le rejoins tout de suite. C'est une mobylette avec une selle en longueur pour deux personnes, je monte et nous filons au Racing. Il fonce à travers le bois de Boulogne, on passe entre les voitures, on traverse les zones d'ombre et de lumière, la fraîcheur sous les arbres et la douceur de l'air dans les lignes droites, j'ai un peu peur, je m'accroche à lui, je mets ma tête contre son épaule en fermant les yeux. Il se retourne brièvement de temps en temps et s'amuse de me voir ainsi cramponné à lui. Il me dit : « Cette mob, je l'ai choisie exprès pour pouvoir emmener le petit Freddy. Heureusement que tu étais là ! Tu te rends compte si je ne t'avais pas trouvé ? »

Thierry aime que l'on prenne de longues douches ensemble après la piscine, moi aussi. Nous ne restons jamais très longtemps près du bassin et la bonne excuse c'est de dire qu'il y a trop de monde et que l'eau est pleine de chlore. La douche c'est évidemment le moment que nous préférons. Nous avons trouvé une salle de douches, un peu à l'écart, au bout du vestiaire, où il n'y a jamais personne. Nous avons retiré nos maillots, l'eau est très chaude, la pression est forte, il y a de la vapeur et nos voix résonnent de façon étrangement métallique, il faut parler fort, bien que l'on n'ait pas besoin de se dire quoi que ce soit. On se contente de se regarder, c'est ce qu'on attendait depuis le début, on se regarde même si je me trouve moins bien que lui, il me regarde comme je le regarde. On ne fait rien d'autre, comme si on s'attendait à voir surgir un inconnu qui pourrait faire un scandale. De ma part ça se comprend, j'ai tellement peur de tout, de la sienne c'est plus mystérieux puisqu'il n'a peur de rien. Ça dure longtemps, très longtemps, je pourrais rester des heures avec lui sous la douche. Il me dit en riant : « Allez, on rentre maintenant, je sens que ça va mal finir. »

Thierry regrette un jour que notre salle de douches plus ou moins secrète soit fermée. Sans se démonter, il en demande la raison au responsable du vestiaire. Le type prend un air futé et répond qu'il y a eu des plaintes. Thierry voudrait obtenir des précisions, mais l'autre se renfrogne et désigne du doigt l'autre salle de douches, celle où tout le monde passe et qui sent une odeur de désinfectant. On y retrouve des joueurs de tennis qui connaissent nos parents, un type désagréable avec une jambe en moins, des gosses qui jouent à s'asperger. On se met dans le fond, côte à côte, on ne peut plus vraiment se regarder comme avant, mais enfin, dans notre coin et avec la vapeur, on est quand même ensemble. Dans la rangée en face, Emmanuel nous a suivis. C'est un garçon de mon

âge, ses parents sont des amis de nos familles. Il
est sympathique, bien fait, joli à voir. Il a aussi
un culot monstre ; sans se préoccuper de ce que
pourraient penser les autres, qui ne font pas attention à lui, il fait des gestes érotiques avec son sexe,
il tire dessus, il le secoue comme un gamin déluré,
ses mimiques s'adressent à nous. Il n'aurait pas eu
peur dans la salle de douches secrète. Emmanuel
est un ami de Thierry, je le connais moins bien, je
suis soudain certain qu'ils ont dû faire des trucs
ensemble. Thierry ne veut pas que je sois jaloux
d'Emmanuel. Il me dit : « Il est très mignon, je te
l'accorde, mais ça ne compte pas. »

Thierry m'a proposé de rester chez lui pour y
dormir dans la chambre à côté de la sienne. C'est
le début de l'été, il a réussi son bac avec mention,
il n'a pas pris encore de décision pour la suite et il
veut que l'on en parle ensemble. Je ne vais plus au
lycée ; dormir chez lui, c'est un peu comme partir
avec lui puisque nous n'allons plus nous voir bientôt pour deux longs mois. Je me lève très tôt, il fait
grand jour et soleil aussi, j'entends la concierge qui
s'active dans la cour, les oiseaux dans les arbres de
l'avenue de Montespan, j'entre dans sa chambre. Il
dort encore. Il a fait chaud pendant la nuit et il a
ôté la veste de son pyjama. C'est un grand nerveux,
ses draps sont en désordre. Tout est calme, un peu
de lumière filtre entre les rideaux, je retiens mon

souffle, j'écoute sa respiration régulière. Il sent ma
présence, il ouvre les yeux, il me sourit. Il me dit :
« Le petit Freddy s'est levé dès potron-minet. Ce
n'est pas très sage. Il devrait aller se recoucher et
se rendormir. J'irai le réveiller plus tard. »

Thierry couche à la maison. Maman est partie
pour le week-end avec son mari et je n'aime pas
être seul dans cet appartement. Nous avons décidé
de dormir dans la même chambre, celle de maman
aux deux lits séparés. Au fond, c'est bien la première fois où nous allons dormir vraiment
ensemble et je crains aussi que ce ne soit la dernière. On est au bord du précipice des vacances ou
d'autre chose, je ne sais pas quoi, les filles peut-
être. Je pense encore tout le temps aux histoires de
la pension à Pontoise, mais elles appartiennent au
passé et il ne m'en parle plus. Quand on se déshabille, ça ne se passe pas comme sous la douche, on
ne se regarde pas, on va très vite, on éteint très vite.
J'attends un signal, Thierry n'est pas quelqu'un à
hésiter quand il veut obtenir quelque chose, il n'y
a pas de signal. Je n'ose pas passer outre à l'absence
de signal et forcer la chance en me glissant dans
son lit. Dans le noir, on parle un peu de choses
vagues, on se dit plusieurs fois bonsoir, on fait semblant de s'endormir, on dort très mal. Je l'entends
qui se tourne et se retourne dans son lit comme
quelqu'un qui cherche le sommeil. Il se lève

plusieurs fois dans la nuit pour aller pisser, pour prendre quelque chose dans la cuisine. Dans la salle de bains, il manque de glisser sur une flaque laissée par le petit chien que j'ai négligé de sortir tant j'attendais sa venue. On rit, c'est le seul moment de gaieté dans cette nuit sinistre. Il se recouche et s'endort enfin. Moi aussi, mais d'un sommeil agité, entrecoupé de moments d'éveil où j'attends le jour avec impatience. On se quitte au matin, lourdement, comme s'il y avait un monstre noir entre nous ; on voudrait partir chacun de son côté mais le monstre noir nous retient et on reste immobiles sur le trottoir, devant la porte, à répéter que c'était bien de dormir ensemble et qu'il faudra recommencer dès que ce sera possible. J'ai une mine en papier mâché, le cœur dans le chagrin et l'amertume, il n'est pas très vaillant non plus, cela ne nous réussit pas de jouer aux bons copains qui viennent de disputer une partie de tennis quand nous sommes tout ce qu'on veut l'un pour l'autre mais pas des bons copains, surtout qu'en plus j'ai toujours été nul au tennis. Je n'imagine pas que je ne le reverrai plus comme je le vois à cet instant devant moi. Il a alors cette réflexion étrange, profil perdu sans me regarder, il me dit : « Il y a toujours quelque chose d'humide quand il y a un chien dans la maison. »

Thierry me parle au téléphone, il part tout à l'heure pour le Midi. Nous sommes très excités.

Maman a décidé de déménager pour que l'on s'installe dans le même immeuble. Lui au sixième et moi au deuxième, on pourra se voir tout le temps. Il y a des travaux à prévoir mais ce sera bon pour le mois de novembre. Il me dit : « Il faut que tu insistes pour prendre la même chambre que moi, je t'enverrai des messages par la fenêtre avec une ficelle comme les types en prison. »

Thierry est au Plan-de-la-Tour, dans cette maison que je ne connais pas encore et qu'il aime beaucoup car elle est isolée en pleine nature avec une forêt, une petite rivière, des animaux sauvages. On se parle une dernière fois au téléphone avant que je ne disparaisse en Angleterre. Il me dit : « Attention aux petits Anglais, tu te souviens de ce que je t'ai dit, je les connais par cœur, ils sont encore pires que moi ! »

Thierry est rentré du Midi pour quelques jours à Paris, en plein mois d'août. Je reviens d'Angleterre où j'ai dormi sous la tente avec un jeune Américain dans le genre joli blondinet qui voulait qu'on fasse des petits trucs ensemble. J'ai évidemment refusé en jouant la vertu outragée, mais enfin, pour une fois, c'est moi qui ai quelque chose à raconter à Thierry. Je vais repartir dans quelques jours pour l'Amérique du Sud, un grand voyage que mon père m'a offert en récompense de mes bons résultats scolaires. Thierry m'a envoyé ses habituelles petites cartes marrantes où il me racontait ses balades en bateau, ses sorties dans les boîtes, une nuit au Papagayo avec la fille de Val-d'Isère, toujours très affectueuses et assorties des recommandations rituelles : « Freddy doit être sage et ne pas s'inquiéter. » Nos retrouvailles imprévues dans le Paris des beaux quartiers désert et silencieux sont une chance inespérée. Pourtant, je déchante aussitôt, maman vient de m'annoncer au téléphone la raison de ce retour inopiné : « Thierry a été victime d'une insolation, il a du mal à s'en remettre, il faut faire des examens, il te réclame mais il est encore très fatigué et il ne faudra pas rester longtemps si tu tiens toujours à venir le voir. » Lorsque j'arrive dans cet immeuble où je suis si heureux d'habiter bientôt, il règne une atmosphère oppressante. La mère de Thierry est inquiète, cette insolation qui ne passe pas s'est déclarée d'une manière bizarre : Thierry a découvert un matin qu'il avait une insensibilité à la lèvre, il est tombé plusieurs fois en faisant du ski nautique, la réverbération du soleil sur la mer lui faisait mal aux yeux, il s'est senti brutalement très fatigué et n'avait plus de goût à rien. Le médecin de Sainte-Maxime a dit qu'il ne comprenait pas bien et qu'il était nécessaire de remonter à Paris pour faire des examens, et comme la mère de Thierry s'étonnait, il a ajouté que c'était urgent. Il était insistant, il a pris lui-même les rendez-vous

avec des collègues, des spécialistes de ces pépins de
santé qui surviennent en été, a-t-il assuré avec un
drôle d'air. La cuisinière, qui est également revenue
du Midi, me prend à part : Thierry avait une mine
épouvantable en arrivant, la démarche hésitante, il
tendait les bras comme un aveugle pour se repérer,
il passe son temps au lit et il vomit tout le temps.
Quand je pénètre dans la chambre-bureau de son
père où il est couché, plus grande que la sienne, je
suis saisi par la tristesse qui règne dans la pièce.
Les volets sont fermés car Thierry ne supporte plus
la lumière du jour, les livres et les revues qu'il aime
sont rangés au pied du lit et il ne les a pas ouverts,
il y a une odeur fade de médicament. Il a froid, il
porte un pull-over sur son pyjama, il est émacié et
paraît épuisé. Je ne l'avais jamais vu malade, je ne
sais que penser, je n'ai plus envie de lui raconter
l'Angleterre ni de lui parler de mon voyage en
Amérique du Sud. J'ai le sentiment que les
vacances sont finies pour lui. Il écarquille les yeux
pour mieux me voir lorsque je m'approche du lit. Il
est heureux de retrouver son petit Freddy, comme il
m'appelle à chaque fois que sa tendresse pour moi
est la plus forte, et il est mécontent en même temps
que je le découvre dans cet état de faiblesse causé
par un mal mystérieux qu'il ne s'explique pas. Il a
envie que je reste auprès de lui et il a aussi envie
que je m'en aille. Notre conversation est décousue,

on ne se dit que des petites choses sans importance. J'ai l'impression qu'on se parle de très loin, rien ne l'intéresse vraiment et il y a de longs silences. Ma fausse gaieté me gêne mais il est trop exténué pour me la reprocher et s'en plaindre. Il est d'ailleurs plongé dans un abattement solitaire profond où je peine à le rejoindre. Je reste un bon moment, car au fond, c'est ce qu'il préfère, silencieux auprès de lui qui ferme longuement les yeux et ne les rouvre que pour s'assurer que je suis encore là. Il me dit : « Personne ne sait ce qui m'arrive. Le médecin de Sainte-Maxime a certainement son idée mais il n'a pas voulu la dire. On me raconte que c'est un virus, ça veut tout dire un virus, ça ne signifie rien. Je suis sûr que c'est très grave, bien plus grave qu'on ne l'imagine. Ce qui se passe, mon vieux, c'est que je vais mourir, sûr et certain. Ne dis rien, tiens-toi tranquille, le petit Freddy va perdre son ami, on n'y peut rien, je vais mourir. »

Thierry va mieux. Maman vient de me dire que les médecins ont trouvé un traitement contre le virus. Il est question qu'il aille à Évian chez ma grand-mère pour sa convalescence, le climat y est meilleur pour lui que dans le Midi. Au fond, je n'y crois qu'à moitié, je suis loin, on cherche à me rassurer, ce sont de fausses bonnes nouvelles. Pourquoi irait-il chez mamie qu'il connaît à peine, à Évian où il s'ennuiera affreusement, plutôt qu'en

Sologne qu'il aime tellement ? Je suis heureux au
Chili, dans une famille adorable, je monte à cheval,
je fais du ski dans les Andes, au-dessus de Santiago,
la neige étincelle devant moi, en bas la ville brille
sous le soleil de l'hiver austral, je revois Thierry
qui ne supporte plus la lumière couché dans sa
chambre sombre. C'est un pays fantastique le Chili
pour un adolescent privilégié qui ne comprend pas
grand-chose à l'existence. Je pense à Thierry, puis
je n'y pense plus, et après j'y pense encore. Je visite
un parc exotique luxuriant près de Valdivia avec
une dame qui souffre d'un cancer et m'en parle
avec une légèreté forcée. Elle est belle, sympathique, très croyante, elle évoque la mort qui la
menace sur le même ton enjoué. Thierry surgit au
détour d'une allée d'eucalyptus. Il me dit : « Alors,
le petit Freddy n'a pas oublié mes leçons quand
même ? Il n'y a rien après la mort, juste le néant
comme avant la naissance, il suffit de le savoir pour
ne plus avoir peur. »

Thierry n'est pas parti en convalescence à Évian
et nulle part ailleurs. Il va de plus en plus mal et
il est couché maintenant dans la chambre de sa
mère. Seule amélioration notable de son état, il
accepte un peu mieux la lumière et il veut aperce-
voir les arbres de l'avenue Victor-Hugo dont la
cime atteint le niveau de la fenêtre. Il y a aussi une
autre raison, maman a entrepris des travaux dans

notre futur appartement et le vacarme résonne
dans tout l'immeuble. Pour Thierry qui ne supporte aucun bruit c'est une souffrance supplémentaire. Dans la chambre de sa mère, ça ne s'entend
pas aussi fort. Cette histoire de travaux me déses-
père. Maman dit qu'elle ne peut pas les arrêter, le
chantier est trop important et déjà largement
engagé. La mère de Thierry fait semblant de
l'admettre, mais c'est une amitié de trente ans qui
se déchire entre maman et elle. J'ose dire à maman
qu'il faudrait arrêter les travaux et ça cause un
drame épouvantable. De toute façon, on ne parle
que de cela dans la famille et maman passe sur
le chantier pour essayer d'obtenir que les ouvriers
fassent moins de bruit. Mais en vain, il remonte le
long des tuyaux comme une torture. La perspective
de l'installation heureuse au deuxième étage est
devenue un cauchemar. Je me sens affreusement
coupable de tout lorsque j'entre enfin dans la
chambre de Thierry : de mes longues vacances au
Chili, des travaux dont je vais bénéficier quand
même un jour, de mon incapacité à faire plier
maman, de mon impuissance de garçon en pleine
forme devant la maladie qui dévore son ami le plus
cher. Je suis épouvanté par ce que je découvre.
Thierry a considérablement maigri, ses muscles ont
fondu tandis que son ventre est tout enflé. Le corps
superbe que je ne me lassais pas de regarder est

détruit, il ne reviendra jamais comme avant, c'est impossible. Le visage de Thierry est couvert d'hématomes et on ne le rase pas tous les jours pour éviter d'en provoquer d'autres. Je retrouve seulement les beaux cheveux noirs qui ont poussé et qui accentuent l'aspect christique de la figure suppliciée. Il met sa main sur son œil gauche pour mieux me voir avec l'autre œil, mais de toute façon il a entendu que j'arrivais. Il a un sourire vraiment merveilleux pour m'accueillir, celui d'une joie sans pareille. Je n'ose pas m'approcher, sa mère m'avance une chaise près de son lit, je ne sais pas quoi faire, je l'embrasse maladroitement en craignant de lui faire mal. Je ne sais pas quoi dire non plus, je parle de mon voyage, c'était un peu comme le sien lorsqu'il est allé en Australie. Il me dit : « Tu es là enfin ! Je n'arrêtais pas de demander quand tu allais rentrer. Je ne rêvais que d'une chose, que nous puissions recommencer à sortir dans Paris tous les deux et qu'on puisse parler comme d'habitude assis sur un banc à regarder passer les gens en mangeant des sandwichs. »

Thierry attend mes visites avec impatience. Ce sont des moments que j'appréhende, j'essaie d'avoir l'air naturel mais je sens bien que j'ai du mal à donner le change. Il m'arrive de manquer de courage et de passer l'immeuble sans monter. Il ajoute à ma confusion le lendemain en ne me faisant aucun reproche. Il y a beaucoup de va-et-vient autour de lui, les médecins, les infirmières, des dames amies de la famille qui se relaient autour de lui pour qu'il ne soit jamais seul. Maman monte aussi parfois. Elle affronte les regards accusateurs des autres sans y prêter attention. Thierry ne lui parle pas des travaux. Il est content de la voir. Il l'a toujours aimée. Selon sa mère, c'est ma présence qui lui fait le plus de bien. Certains jours, il va trop mal et je ne peux pas entrer dans sa chambre. D'autres jours, on peut parler un peu. Il me dit : « Tu t'installes bientôt j'espère, ce sera plus simple, tu n'auras qu'à monter en rentrant du lycée. »

Thierry aime le disque de Jeanne Moreau que je lui ai acheté. Il paraît qu'il chante *Les Mensonges* à tue-tête la nuit quand il souffre trop et qu'il ne peut pas dormir. Sa mère remet la chanson aussi souvent qu'il le demande, elle connaît les paroles par cœur. Il me dit : « On n'arrête pas de m'offrir de la musique classique, tu te souviens, je n'écoutais que cela avant, Wagner en tirant sur les pigeons c'était parfait. Maintenant, c'est la voix de Jeanne Moreau que je préfère. Une fois de plus, le petit Freddy a tout compris. »

Thierry vient d'avoir 18 ans. Il y a une accalmie depuis quelques jours grâce à un autre traitement, un de plus, et à chaque fois c'est le branle-bas de combat des nouveaux espoirs, des signes encourageants, des déclarations nerveusement optimistes.

Il a pu se lever pour souffler sur son gâteau d'anniversaire dans le salon, il y avait beaucoup de monde et on a applaudi très fort comme si le cauchemar était terminé. Son père lui a aussi offert une voiture pour son anniversaire. Il me dit : « Le remède miracle c'est de la blague, au début j'ai cru que ça donnerait quelque chose, mais je sens déjà que je ne vais pas mieux, alors cette voiture, c'est très gentil de sa part, mais je ne la conduirai jamais. »

Thierry attend sa transfusion avec impatience, il me dit : « Après, ça ira un peu mieux, ça fait de l'effet pendant quelques heures. Je me demande toujours à quoi ressemblent les gens qui me donnent leur sang. Et si c'était des gens horribles ? Tu imagines ? À force, je finirai par leur ressembler. De toute façon, je me nourris avec une paille, autrement je suis un vampire. »

Thierry va toujours plus mal. Parfois sa mère écourte mes visites. Il ne proteste pas. Il n'est plus qu'une plaie qui ne supporte pas le contact des draps, il met juste un linge très léger et qui ne cache rien de son corps tuméfié quand je viens le voir et que je m'assieds sur son lit. Je m'assieds désormais toujours sur son lit. Il a refusé que la fille de Val-d'Isère entre dans sa chambre. Il lui a fait comprendre très gentiment qu'il ne voulait pas qu'elle le voie dans cet état. Son intelligence est intacte, elle s'exprime lorsqu'il est en état de parler.

L'affection qu'il me porte est plus forte que jamais, balbutiante lorsqu'il souffre trop, incandescente tout le temps où je suis près de lui puisqu'il s'en va et que je reste. Je n'ai plus grand-chose à lui dire, ma petite vie tranquille est minable et de toute façon son attention lui demande trop d'efforts, elle s'amenuise très vite. Il me dit : « Tu sais, toutes ces histoires que je t'ai racontées, je ne les regrette pas, mais je n'y pense plus. C'est comme une étoile qui se serait éteinte, on croit qu'elle existe encore mais elle a disparu depuis longtemps. C'est fini, je n'ai plus envie de rien, ça ne reviendra jamais. »

Thierry va mourir. Il me dit : « C'est terminé maintenant, ciao Freddy, adios amor. » C'est vraiment ce qu'il me dit, les derniers mots de lui que j'ai entendus.

J'étais à la patinoire Molitor, le dimanche 10 novembre, lorsqu'il est mort, vers midi. Nous nous sommes installés dans le nouvel appartement au deuxième étage une semaine plus tard. Maman c'est Édith, la mère de Thierry c'est Éliane. Édith et Éliane se sont rapprochées avec le temps et ont renoué avec leur vieille amitié. Je ne sais pas si elles ont évoqué ensemble l'épreuve des travaux et de la mort de Thierry. Quand Éliane est morte, Édith a pleuré comme je ne l'avais jamais vue pleurer. Et quand Édith est morte à son tour, quelques années plus tard, Marie-Ange, la sœur de Thierry qui a traversé tous les tourments de celle qui reste, m'a dit : « Nous avons de la chance d'avoir eu des mères exceptionnelles. » J'y ai beaucoup réfléchi et je pense qu'elle a raison. Tout de même, Éliane a vu mourir son fils, Édith n'a pas vu que son fils avait du mal à vivre.

....

Un documentaire sur la bataille de Stalingrad, dont je ne me rappelle plus le nom. (*Stalingrad*, tout simplement ?) Dans le genre des grands films de Henri de Turenne : documents d'archives sur les combats maison après maison, le froid intense et les souffrances des soldats allemands, von Paulus et sa reddition, le grand meeting à Berlin saluant le jour de deuil et de gloire de l'armée allemande, etc. Contrairement à la plupart des abrutis de notre génération, nous ne sommes pas particulièrement fascinés par Hitler et sa puissance démoniaque, c'est plutôt le courage des soldats des deux côtés qui nous intéresse et la manière forte des Russes pour briser l'armée allemande. Thierry a déjà lu beaucoup de choses sur le sujet. Une ligne de mortiers soviétiques dans la neige bombarde les Allemands. Il me dit :

« Ça ce sont les orgues de Staline, impossible de leur résister ! »

Et moi : « Les orgues de Staline ? »

— Oui, c'est le nom que leur donnaient les Allemands. Les Russes les appelaient "Katiouchas". »

« On dirait un nom de fille ? »

Thierry rit : « Les Russes et les filles c'est toute une histoire. Il ne faisait pas bon être berlinoise en avril 45. »

Il rit encore. Il ne m'en dit pas plus mais je n'en ai pas besoin non plus.

II

Charles Cahier

« Le vent du soir m'a dit
je suis le doux fantôme... »

Charles Cahier est mon ami. Il est mort il y a très longtemps, tué à la guerre sur le front d'Orient. On disait « au champ d'honneur », c'est une expression qu'on n'utilise plus beaucoup. Je le retrouve dans mes rêves, endormis ou éveillés. Il ne me connaît pas mais j'ai tant marché sur ses traces que je le connais très bien. J'ai gardé beaucoup de lettres de lui, tous ses poèmes, des souvenirs de sa vie qui m'ont été rapportés et que j'ai rassemblés peu à peu. Je veux penser qu'il aurait été surpris par mon insistance que rien ne laissait prévoir, touché même, et qu'il m'aurait aimé finalement comme je l'aime. C'était aussi mon grand-oncle, le frère aîné de mon papy qui me parlait de lui avec émotion. Mon papy est mort quand j'avais 17 ans, je me souviens très bien de lui, je me remémore naturellement ses traits d'esprit pour me soutenir quand je traverse des périodes difficiles ou que je me heurte à la hargne des imbéciles. Il m'apparaît comme une photocopie un peu décolorée de son frère, en moins fort, moins amer, moins timbré, ayant plutôt bien réussi sa vie, tout de même noyée dans le whisky vers la fin, quand il me semble que Charles était parti pour rater la sienne comme leur autre frère Fernand que j'ai à peine connu et qui a gâché ses qualités à trop courir après les femmes avant de finir dans un petit appartement à Cagnes-sur-Mer, avec une épouse victime, ex-belle-fille dans le genre ordinaire draguée dans un magasin de chaussures, qu'il menaçait constamment de quitter. J'ai lu des lettres de lui, fort bien écrites et atroces, sur l'enfer quotidien de leur couple vieillissant. Comme leur sœur aussi, Mercedes, qui a emprunté plein de mauvais chemins et assumé sans remords des opinions épouvantables avant de vivre très âgée telle une Américaine à bijoux, peinte, liftée, vitupérante. « La chauve-souris », disait mon papy qui se méfiait d'elle et la trouvait quand même courageuse et romanesque. Elle le fut sans doute à sa manière qui était aussi dangereuse pour ses ennemis. Elle en eut beaucoup, il faut se reporter à la désespérante période des années trente et quarante pour émettre un jugement et y voir plus clair. Je la considérais avec une curiosité inquiète, elle m'appelait son petit flirt, je n'ai jamais compris pourquoi. Enfin tout ça, ce sont des souvenirs fragiles où j'étais encore bien jeune et où ils ne faisaient pas très attention à moi. Auprès de chacun d'eux, je cherchais Charles et je retrouvais des indices, mais ils avaient continué à vivre alors qu'il avait bel et bien disparu à 26 ans dans un trou perdu des Balkans. C'était de plus en plus loin. Et quand j'essayais d'imaginer ce qu'il serait devenu, avec les exemples dont je disposais et des jugements empathiques et vagues ternis par le temps, le pronostic était trouble et plutôt sombre. Pour reconstruire l'avenir de ceux qui n'en ont plus, ce qu'ils laissent derrière eux suffit à peine. Charles lui-même semblait préférer l'oubli à la mémoire.

« Comme ils sont cruels, ceux qui meurent !
Ah ! Pourquoi n'emportent-ils pas
Tous les vieux souvenirs qui pleurent
Au fond des âmes d'ici-bas. »

*
* *

Charles est déjà un homme lorsque je le rencontre pour la première fois, et moi encore un garçonnet. Avant, je ne pouvais pas mettre un visage sur ce qu'on m'avait dit de lui, j'essayais de l'imaginer en partant de ses frères et de sa sœur, mais le résultat était forcément flou, perdu dans les nuages divagants du passé. Il semblait ne pas y avoir de photos de lui dans la maison de mes grands-parents à Évian, ni cadre ni album. Charles avait disparu, une fois de plus. J'ai beaucoup cherché, après leur mort, avant d'en trouver une avec aussi quelques autres images d'enfance, au fond d'un tiroir où j'ai également déniché ses papiers militaires, le faire-part de ses obsèques célébrées à Paris après la guerre quand on a ramené son corps, et donc aussi les cahiers de poèmes et les lettres dans des enveloppes en papier kraft. C'est ainsi qu'il est revenu vers moi quand il venait d'avoir 21 ans.

Charles est très beau, sans doute un peu plus grand que la moyenne et bien découplé, figure virile et nettement dessinée, traits fins, ombre de moustache, cheveux châtains, yeux bleus avec un voile de tristesse dans le regard et l'expression. Du côté de ma famille maternelle, beaux, ils le sont à peu près tous, avec le charme en plus et l'air assuré de ceux qui savent se servir de leur fourchette. Moitié gens du Nord et moitié espagnols du Grand-Est si on remonte jusqu'aux racines. Il y a aussi un peu d'héritage corse quelque part.

Le médecin principal des armées Léon Amédée Cahier. Charles déteste son père. Il ne parle jamais de lui dans ses lettres de guerre et ne lui écrit que rarement, de brefs messages sans détails ni effusions.

Il a eu peur de lui longtemps durant toute son enfance, il l'a admiré timidement à l'adolescence, il s'en est libéré rageusement en devenant adulte. Mais pas totalement. Si leurs rapports sont froids et distants, Charles est resté imprégné des principes et des préjugés que son père lui a enfoncés dans la tête. Sa révolte est dirigée contre lui mais il s'accommode de l'esprit de caste de son milieu social. Il faut attendre la guerre et ses horreurs pour qu'il s'en sorte.

Le médecin principal est né à Cambrai sous le Second Empire dans une famille de tout petits-bourgeois. Moralité soupçonneuse et hantise de la dégringolade quand des cousins éloignés tiennent le haut d'un pavé ruisselant de pluie. Son père est coiffeur, sa mère femme au foyer. C'est la patronne, dévorée d'ambition pour Léon Amédée qui travaille bien à l'école. Elle démontrera d'ailleurs la fermeté de son caractère durant les quatre années d'occupation prussienne en 14-18 : faim, misère, exécutions d'otages, isolement et incendie généralisé pour en finir. Elle traversera tout sans ciller. Curieusement, Charles sera proche de cette grand-mère intrépide, il utilisera son nom comme pseudonyme pour signer ses premiers poèmes. Cambrai a beau être la ville des fameuses « Bêtises », on s'y ennuie ferme quand on a fait le tour de la statue de Fénelon, du beffroi et de la cathédrale. Léon Amédée s'enfuit à Paris, devient pion dans une institution religieuse, donne des cours particuliers pour payer ses études de médecine. Sinistres foyers catholiques à l'usage des étudiants méritants, cantines à bon marché où ça se mange froid, vêtements râpés. Il n'a ni les moyens ni le temps de s'accorder des loisirs, sauf à attraper sur sa bonne mine et ses boniments des petites bonnes et des grisettes chlorotiques. Passades sans avenir d'un ambitieux qui ne veut pas décevoir sa mère et triste jeunesse pour continuer à s'endurcir toujours un peu plus. Sa réussite aux concours de médecine jusqu'à l'agrégation, son mariage avec Marie-Louise Godet de Mondesert, jeune veuve d'une altière beauté et aristocrate du meilleur ton quoique désargentée et inconnue au Bottin mondain, lui ouvrent les portes de l'armée et d'une ascension dans les services de santé. Charles naît en 1891, Mercedes, Fernand et Paul suivent de près. En 1895, la famille est au complet. Il n'y aura pas d'autre enfant, le couple s'étant installé dans un état de guerre conjugale permanente qui ne connaîtra aucun armistice. Léon Amédée trompe sa femme sans vergogne, Marie-Louise le poursuit d'une jalousie furieuse, mais ils ne se séparent pas. Quelque chose les retient que je n'arrive pas à saisir : les convenances, la chair, l'enfer dans lequel ils s'enferment. Les petits sont les témoins de scènes hallucinantes, affolés et impuissants. Les couvertures en couleurs du *Petit Journal*, qu'on lit jusque dans les maisons bourgeoises, les « publications pour domestiques » traînent au salon, dépeignent souvent, dramatiquement et avec force détails réalistes, des crimes passionnels relatés en invoquant la morale mais jouissant en fait d'une indulgence hypocrite. Marie-Louise, la femme de devoir odieusement humiliée, aurait fait une parfaite meurtrière à circonstances atténuantes.

Le médecin principal n'est jamais affecté longtemps dans la même ville. Deux ou trois ans tout au plus, en fonction des obligations du service et de l'avancement de sa carrière. On déménage beaucoup, tout le monde suit, c'est épuisant pour Marie-Louise qui espère éloigner à chaque fois son mari des mauvaises femmes. En vain. La solde est maigre, l'argent manque, les appartements en location sont moches, mais le médecin principal se cramponne à sa carrière et son ascension est régulière. Il est bien noté par ses chefs qui apprécient sa pratique rigoureuse de la discipline, ses compétences médicales, son intelligence déliée. Les années d'apprentissage et de vache enragée à Paris n'ont pas été perdues, elles l'ont fait pencher vers des convictions qu'il ruminait déjà à Cambrai. Royaliste, antisémite, revanchard, il a tout pour plaire à ces messieurs. Mais opportuniste et habile, il sait aussi ne pas déplaire aux officiers républicains dont il éveille la sympathie par sa culture étendue, un tour d'esprit original et le sens des reparties spirituelles. Il traverse sans encombre les remous de l'affaire Dreyfus. Les bizarreries de son caractère passent longtemps inaperçues. Elles lui vaudront pourtant de sérieux ennuis durant la guerre. Voilà un médecin principal qui débride brutalement les plaies des blessés, en faisant fi des hurlements des malheureux et en s'écriant : « Apprenez que la douleur n'est pas une maladie », un officier de santé d'un grade élevé qui jette par la fenêtre les béquilles d'un amputé en le traitant d'embusqué. Humiliant ses assistants, odieux avec les infirmières, répandant la terreur dans les couloirs des hôpitaux, il suscite tant de plaintes qu'il est relevé de ses fonctions et versé au cadre de réserve. Mais la guerre n'en finit pas, on manque de médecins. Par miracle, Marie-Louise et Mercedes, plaidant avec des accents de tragédie la cause d'un héros calomnié du service de santé, obtiendront du ministre Millerand qu'il soit réintégré. D'ailleurs Millerand est un dur, entre brutes, on se comprend. Léon Amédée achèvera sa carrière en 1919, comme il l'avait espéré : inspecteur général et commandeur de la Légion d'honneur.

Les états de service contrastés du médecin principal ne prennent pas en compte les brutalités du père de famille. Elles rajouteraient encore de l'ombre à l'examen de sa personnalité fantasque.

Tour à tour glacial et colérique, exigeant et domi-
nateur, incapable de manifester de l'affection, il est
le meurtrier insidieux de ses enfants qu'il dresse
à coups de taloches, de punitions injustes et de
répétitions scolaires interminables. Il ne se rend pas
compte des affres qu'il leur inflige car ils sont téta-
nisés par la crainte, le respect de l'autorité et le
prestige de l'uniforme. La routine quotidienne de
la vie familiale est sinistre. Charles est sans doute
celui qui souffre le plus des excès de son père. Le
médecin principal voudrait briser ce fils aîné dont
il a deviné très tôt qu'il lui échapperait un jour.
Il n'est d'ailleurs pas impossible que le médecin
principal ressente malgré tout de l'amour pour ses
enfants dans un repli secret de son cœur. Il lui
arrive d'être indulgent avec Mercedes qui est une
fine mouche et de reconnaître les dons littéraires
précoces de Charles, les aptitudes diverses des deux
autres garçons. La situation est d'autant plus étouffante qu'il lui arrive aussi de traverser des crises
de dépression où la volonté de nuisance diminue.
Vulnérable et désabusé, il peut alors se montrer
compréhensif et rigolo. Les enfants s'amusent de
ses plaisanteries et se disent qu'ils sont quand
même heureux. Il reprend pourtant bientôt ses
esprits, la loi d'airain est restaurée, persuadé
d'accomplir son devoir il recommence à les mori-
géner sans pitié. Il semble que ça se passe aussi

comme ça dans beaucoup d'autres familles de
petits-bourgeois militaires, mais ce n'est pas une
raison pour pardonner, et Charles ne pardonne
pas. Charles adore sa mère autant qu'il hait son
père. Il sait depuis son plus jeune âge qu'elle a
toujours essayé de protéger ses enfants contre les
errements insensés de leur père. Il a vu aussi très
vite que sa force de caractère s'enlisait dans la crise
permanente de son état de femme amoureuse et
trompée. Ses accès d'insoumission se perdent
comme des torpilles déboussolées dans ces disputes
homériques où le médecin principal a finalement
toujours le dessus. Elle en sort à chaque fois défaite
et épuisée pour quelque temps jusqu'à ce que les
hostilités reprennent. Sa raison en est progressive-
ment ébranlée. Il faut attendre les périodes où son
mari est appelé en mission loin de la maison pour
que la vie familiale retrouve un semblant de vie
normale. Charles est aussi subjugué par sa belle
allure, son maintien de grande dame envers et
contre tout. Il est probable qu'il est son favori bien
qu'ils s'en défendent l'un et l'autre, sa sœur et ses
frères y feront allusion devant moi, bien plus tard
et sans récriminer, Charles est bel et bien le favori
de tous. Sa mère lui écrira des lettres passionnées
chaque jour pendant la guerre, auxquelles il répondra sur un ton calme et mesuré pour apaiser son
inquiétude. L'enfant qui prend soin de sa mère.

Elle sait tout des infectes conditions de survie sur le front. À quoi bon augmenter son angoisse. D'un monde à l'autre, il n'y a plus de place que pour le mensonge. Après sa mort, elle n'aura de cesse de harceler les autorités militaires pour faire rapatrier son corps. Puis elle entrera dans la nuit. Elle n'assiste pas aux mariages de ses enfants.

Marie-Louise Cahier, née Godet de Mondesert, veuve d'un général très décoré, finira sa vie dans un petit appartement obscur de la rue de la Pompe, angoissant ses petits-enfants en visite, comme un grand oiseau noir qui n'embrasse pas, servie par une sorte d'esclave corse redoutée pour ses maléfices, en 40 durant la débâcle, abandonnée et oubliée de tous.

L'enfance de Charles, c'est aussi une vie de garnisons, de collèges religieux, de discipline inflexible. D'une ville de province à l'autre, d'une école à la suivante, les enfants suivent sans rechigner, on ne leur demande pas leur avis, ils ont l'omniprésence de leurs parents pour horizon, lourd d'orages et de nuages noirs. On se tasse dans de médiocres appartements en location dont l'inconfort est compensé, pour une certaine mesure, par les principes hygiénistes du médecin principal. Le logis doit être situé à proximité d'un jardin public pour le bon air nécessaire à des enfants. Mais cette vague promesse d'évasion est corsetée par de strictes règles de salubrité. Inspection sourcilleuse des mains propres avant de passer à table sous la menace de quelques coups de règle en cas de négligence, tubs quotidiens à l'eau froide, huile de foie de morue et ricin pour la digestion et la croissance. « Pas d'agents pathogènes à la maison ! » Les microbes ne sont pas les seuls à être écartés, la vie sociale est réduite au-delà des inévitables civilités militaires. Léon n'a pas de goût pour les mondanités, Marie-Louise s'ennuie dans le rond d'après dîner des épouses d'officiers et se méfie d'y rencontrer des rivales. Et puis manquent les moyens pour rendre les invitations et recevoir. Pourtant les enfants n'ont pas conscience d'être malheureux. Ils n'ont pas assez d'occasions pour comparer. On les montre en exemples de politesse et de docilité parfaites dans les institutions catholiques où ils sont inscrits au tableau d'honneur. Ils en sont fiers et en retirent un sentiment de supériorité conforté par la haute réputation et le respect général qui entourent leur père, même si leurs vêtements doivent faire de l'usage et sont reprisés et s'ils ne reçoivent jamais un sou d'argent de poche. Pas de récompenses non plus pour les bonnes notes et à peu près rien pour Noël et les anniversaires où il y a toujours une ancienne punition qui traîne. Pourtant, avec l'irrépressible capacité des enfants à vivre dans un monde qui leur est propre, ils ne s'interrogent pas sur leur sort, ils sont accrochés les uns aux autres par leurs jeux et leurs rares moments de liberté, rassurés par la tendresse épisodique de leur mère lorsqu'elle sort de son tunnel.

Il y a même quelques moments de bonté et de douceur pour le petit Charles. Lorsque le médecin principal est nommé à Bayonne, Marie-Louise obtient de l'arracher à la tyrannie paternelle et le fait inscrire dans une petite école dirigée par un brave curé de campagne. Charles en gardera un souvenir ému toute sa vie :

« Doux exil de l'esprit en mes jeunes années
Ô ma première école au bord des Pyrénées,
Souvenir de soleil non de captivité.
Je redeviens enfant lorsque je songe à toi
Te souviens-tu combien j'étais docile et prompt ?
Et pourtant ma maison était bien loin,
Mes pas bien petits ! Mais j'allais, je ne me plaignais pas ! »

Et alors qu'il commence déjà à juger timidement son père, il découvre un autre modèle à qui il pourrait s'attacher sans inquiétude, le maître qui l'a pris sous son aile. « C'était un homme doux, ayant peur de punir. Ses yeux pensifs étaient levés vers l'avenir et fils de paysan, il savait l'art austère de dompter des esprits plus rétifs que la terre. » Charles trouvera sur son chemin d'autres professeurs bienveillants, attentifs aux dons d'un élève qui redouble d'efforts pour leur plaire. Il découvre que les vertus viriles ne s'acquièrent pas forcément à coups de contraintes, d'ordres et de punitions. On peut se faire respecter et encourager autrement que par la crainte, en inspirant la confiance. Charles a d'ailleurs les prédispositions pour être un bon élève, passable dans les disciplines scientifiques, mais excellent en français, en histoire. L'horreur des effroyables répétitions de mathématiques et de latin ponctuées de hurlements et de coups n'est pas une fatalité. Adolescent, Charles y met fin de lui-même par un acte de courage dont il ne se croyait pas capable. Il a lu *Les Fleurs du mal*, il peut réciter « Le Bateau ivre » en entier, son père tente de débusquer cette littérature scandaleuse que Charles cache entre les volumes d'Albert Samain ou de Sully Prudhomme rangés dans la bibliothèque. L'heure du règlement de comptes a sonné lorsque Charles interrompt brutalement une des leçons diaboliques pour déclamer « L'Albatros » sur un ton provocant qui laisse son bourreau médusé. Il reçoit alors une gifle retentissante et Charles y répond par un tel regard d'hostilité et de mépris que ce sera la dernière. L'enfant a grandi, il a la force de pouvoir porter à son tour la main sur son père et il n'est pas impossible qu'il pourrait en avoir aussi l'intention. Charles confiera plus tard, au souvenir de cet instant crucial : « J'aurais dû essayer aussi Mallarmé, j'étais hélas encore trop jeune pour le réciter convenablement. » L'incident est clos, mais une étape décisive a été franchie. Charles a désormais les coudées à peu près franches pour se livrer à son amour de la poésie. Un bon maître lui fait découvrir les auteurs antiques qu'il va apprendre à déchiffrer dans le texte : Eschyle, Euripide et Sophocle, et les poètes latins, Virgile, Ovide et celui qu'il appellera toujours « l'adorable Horace ».

Il s'attache particulièrement à cet initiateur qui l'accompagnera jusqu'au bachot. C'est un ancien combattant des guerres coloniales qui en est revenu défiguré et avec un bras en moins. Il a accueilli ses élèves au premier jour de classe en leur déclarant : « Messieurs, vous avez tout le temps de votre première leçon pour vous moquer de mes infirmités, mais après je ne l'admettrai plus. » Le panache de cette déclaration adressée par le vieux mutilé à une assemblée de morveux effrontés séduit Charles d'emblée. Il devient son disciple. Voilà un autre père, pour lui seul, qu'il ne partagera avec personne d'autre. « *Animula, vagula, blandula,* petite âme vagabonde et câline, hôte et compagne de mon corps, tu vas t'en aller en des lieux blêmes. » On retrouvera cette citation de l'empereur Hadrien au seuil de la mort sur ce corps décharné avec son livret militaire, c'était aussi le mot d'adieu du

professeur infirme à son élève, à la fin d'une année
scolaire déterminante pour la conduite de sa vie.

Les quelques photos que j'ai retrouvées dans la
maison d'Évian me permettent aussi de comprendre
un peu mieux le drame qui s'est déroulé dans cette
famille qui est aussi la mienne. On les regardait sans
doute à l'époque avec une émotion légère teintée
d'amusement, sans bien voir ce qu'elles montrent
vraiment à celui qui s'interroge sur le destin fracassé
et la mort de Charles. Son père a 40 ans, à la fin du
siècle, en uniforme de médecin principal des armées,
avec ses décorations, Légion d'honneur, médailles
coloniales, cravate d'officier des Nichan Iftikhar que
l'on attribuait libéralement à ceux qui avaient servi
en Tunisie. Les traits fins, le regard clair et perçant,
la plantation des cheveux drus, un air d'énergie
virile, le maintien grave que je retrouve dans le portrait de Charles à 21 ans. Mais avec quelque chose
d'impérieux et de timide en même temps qui laisse
deviner un caractère défiant et autoritaire. Sa mère
au même âge en tenue de soirée sans doute, le front
haut, les cheveux courts et bouclés répartis également autour d'une raie droite et retenus par un fil
d'argent, les yeux bleus aussi certainement, le nez
fin, les lèvres minces et parfaitement dessinées, une
fleur à son corsage, pas de sourire, belle et distinguée, avec une expression neutre donnant l'impression d'un caractère fort et austère ainsi que d'une

sorte d'attente indéfinie. Une femme désirable, certainement difficile à conquérir et qui ne transige sur
rien une fois qu'elle s'est donnée. Minces et bien
faits l'un et l'autre, rien du laisser-aller, du mol abandon et des silhouettes enrobées qu'on retrouve dans
les portraits de la Belle Époque, qui ne l'était pas
pour tout le monde comme chacun sait. Ils se sont
connus à Bastia où elle soignait un vieux mari
malade et où il se trouvait en garnison. Elle est bientôt libre, il lui fait une cour empressée. Elle a connu
un autre homme avant le vieux mari malade qui
vient de disparaître, un coureur de jupons et un
joueur invétéré qui l'a rendue malheureuse. Elle
n'est plus toute jeune, le médecin militaire est charmant, ambitieux. Il lui avoue n'avoir connu que des
filles de garnison ou des bourgeoises bien gardées.
Elle saisit sa chance. Elle est bonapartiste, il est
monarchiste, ils méprisent la République et ses élus.
Elle est constamment enceinte, les naissances se suc-
cèdent. Sa santé est fragile, il faut prendre des pré-
cautions. Désargentés et obstinés à tenir leur rang,
ils se sont embarqués pour ce voyage catonien où ils
ne peuvent ni être heureux ni se séparer.

Une photo prise à Biarritz en 1897, elle et les
quatre enfants. Il est maintenant médecin major
de première classe à l'hôpital militaire de Bayonne.
Son avancement est régulier et prometteur. Elle
souffre de l'atmosphère provinciale étouffante et

des fredaines de son mari. Elle s'échappe avec les petits à chaque fois qu'il lui est possible de le faire vers la station balnéaire élégante et le grand air qui leur est si bénéfique. Bayonne-Biarritz, tortillard en troisième classe, petit hôtel modeste à l'arrivée, elle dans une chambre, la nichée dans une autre. Brèves vacances ponctuées de télégrammes impatients du médecin principal qui réclame leur retour en l'émaillant de promesses qu'il ne tiendra pas. La vie mondaine où se côtoient des Parisiens fortunés, les étrangers cosmopolites et les cocottes de haute volée n'est pas pour elle qui demeure à l'écart des palaces et des restaurants trop chers pour ses moyens. Sa distinction naturelle attire les regards. Elle se lie en été avec une famille d'aristocrates russes qui ont acheté une petite maison comme un caprice pour se distraire des milliers d'hectares de leur domaine en Ukraine. Atmosphère fantaisiste et joyeuse à laquelle elle n'est pas habituée, flopée de gosses espiègles flanqués de nannies pittoresques, les enfants sont ravis, pique-niques tous ensemble sur la plage, conversations intéressantes sur l'alliance franco-russe. Mais les beaux jours ne durent pas longtemps, les Russes repartent, Charles demande avec les larmes aux yeux : « Les reverrons-nous l'an prochain ? » Elle reste seule avec ses enfants. La photo de Biarritz les montre sur le rebord d'un petit mur où les a juchés leur mère.

Ils sont encore bien petits, debout contre la grille d'une maison cossue qui ne sera jamais la leur. Paul a 2 ans et les doigts dans la bouche par timidité, Mercedes tient un chapeau de paille à la main conformément aux consignes du médecin principal qui interdit le soleil pour les enfants, Charles a une bonne tête de plus que sa sœur et Fernand. Ils ont l'air de petits pauvres. Les garçons aux cheveux ras sont vêtus de blouses informes, à cet âge on peut encore les habiller comme des filles. Mercedes porte une robe à carreaux destinée à durer long-temps. Ils ne sont ni gais ni tristes, ils regardent droit devant eux l'inconnu qui manipule l'appareil. Avec ce genre de photos, il est rare que l'on sache qui en est l'auteur, le temps emporte son souvenir. C'est une photo de rue, pas de celles qu'on prend dans un studio réputé où les estivants fortunés de Biarritz font poser leurs enfants. Mais ce qui me frappe le plus sur cette image fanée par les années enfuies, c'est l'attitude de la mère des petits qui la surplombent sur le remblai. Elle est assise devant eux à même le sol, sur un tas de cailloux. Toute droite, très élégante avec une ample robe noire, un corsage blanc et une capeline blanche également, qui laisse son beau visage découvert, révélant une expression agréable et tranquille. Le port et l'allure d'une patricienne sûre de sa condition distinguée et qui s'accommode de tout ce qui l'entoure parce que rien ne peut atteindre l'impression de grand chic qu'elle impose partout où elle se trouve. Une reine par terre est toujours une reine. Ce n'est qu'une modeste photo de vacances, mais elle l'a mise en scène à sa manière. Elle a installé les enfants sur le remblai en les prenant dans ses bras l'un après l'autre et en leur recommandant de ne pas bouger. Elle a peut-être été aidée par le photographe, mais l'important est de faire sentir aux enfants à cet instant qu'elle est le centre bienfaisant de leur petit monde, celle qui incarne la force rassurante par sa présence. En ce temps-là, elle appelle Charles « mon bien-aimé », Mercedes « ma petite mâtine », Fernand « monsieur Joli-cœur » et Paul « mon trésor ». Autant de surnoms qui exaspèrent son mari mais qu'il ne peut interdire, la relation qu'elle a tissée avec ses enfants est une limite à ne pas franchir. Enfin pour l'instant. Charles aura toujours la nostalgie de ces instants passés avec sa mère, à l'écart d'un foyer oppressant et des foucades de son père.

> « Oh ! Que ne puis-je rire et danser au soleil
> Comme aux jours de l'enfance innocente et ravie
> Qui voit comme un lait pur le souffle de la vie
> Et qui ne connaît rien que des baisers de miel,
> Les baisers lumineux de l'amour maternel ! »

Deux ou trois photos du temps de Marseille où le médecin principal bénéficie d'une nouvelle promotion. Les quatre enfants sont plus grands. Les garçons portent un costume marin, Mercedes un nœud dans les cheveux, Charles se tient toujours un peu de côté avec une interrogation muette dans le regard. La couvée que leur mère protège encore. Leur mère n'est pas avec eux, c'est peut-être elle qui a pris la photo. Elle est habile à ce genre de choses. Malgré le soleil du Midi, l'animation de la ville, il s'agit d'une période particulièrement déprimante, on s'entasse dans un petit meublé rue Paradis, c'est bruyant et inconfortable, les disputes entre les époux sont incessantes, les enfants ont l'air triste et apeuré, c'est à croire qu'ils ne sourient jamais. À l'approche de l'été, Marie-Louise les emmène aux bains militaires, en promenade à l'Estaque par le petit train de Carry-le-Rouet et de la côte bleue. Charles traîne sur le chemin du retour et sa mère est obligée de se fâcher pour qu'il la suive sans renâcler. D'ailleurs ils ne disent rien l'un et l'autre car il n'y a rien à dire. C'est à Marseille que Marie-Louise croise dans un magasin de nouveautés de la rue Saint-Ferréol une jeune femme à la tenue recherchée et qu'elle dit d'une voix blanche à Charles qui l'accompagne : « Mon chéri, nous ne pouvons pas rester ici, nous reviendrons une autre fois, tu vois cette dame, elle fait des ennuis à ton père, je ne veux pas la saluer. » Charles est encore bien jeune pour comprendre, mais il comprend quand même.

Une autre photo plus tard à Versailles. Le médecin principal a gravi encore un échelon et la situation matérielle de la famille s'est améliorée grâce
au petit héritage d'une lointaine cousine de Marie-
Louise. Prudents, les enfants se tiennent à carreau
vis-à-vis de leur père qui traverse une de ses
périodes de dépression où toute la maisonnée
retient son souffle et il les laisse aussi plus tranquil-
les. Mercedes est à l'école chez les sœurs du Sacré-
Cœur, les garçons sont inscrits au collège Hoche
où Charles fait des étincelles dans les récitations de
poésie. On vit enfin dans un appartement agréable,
Marie-Louise a engagé une petite bonne bretonne,
toute simplette et gentille, qui va à la messe le
dimanche et qui se laisse appeler Jeanne pour sim-
plifier. Les enfants ont le droit d'aller s'amuser dans
le parc du château où leur mère les emmène le
jeudi et le dimanche, pour jouer au croquet avec
des petits camarades. Ils ont l'air enfin gais et
contents. Ils sont aussi mieux vêtus. Charles va sur
ses 12 ans, il porte un pantalon qui s'arrête aux
genoux, mais avec une veste dans le genre garçonnet britannique. Cheveux courts, regard droit, de
l'ironie dans un demi-sourire. Il tient une boule de
croquet à la main, c'est lui qui mène le jeu. On
profite pleinement de l'apaisement relatif des tensions et d'une liberté précaire pour partager de
sages distractions versaillaises. Goûters d'enfants

des beaux quartiers dans des familles apparemment très comme il faut, mais où les nouveaux petits amis ont pris un peu d'avance, ils travaillent moins bien en classe, se disputent facilement, disent des gros mots et reçoivent quand même des jouets pour Noël. Mauvais exemples, précise Marie-Louise, sans insister. Matinées théâtrales organisées par le Sacré-Cœur et le collège où l'on applaudit d'édifiantes biographies de saint Bernard et des passages choisis des *Lettres de mon moulin*. Rien à dire à ce sujet pour Marie-Louise. Le grand moment de l'entrée dans le monde se produit lors de l'audition musicale où Mlle Schwartzenberger, la pianiste bien connue du théâtre Montansier, présente ses élèves à un public choisi de parents poliment enthousiastes. Les prestations des enfants Cahier sont remarquées. Vu leur âge encore tendre, Mercedes et Paul jouent en duo l'ouverture du programme, un petit rondo sans péril composé par leur professeure. Fernand, dont le caractère fantaisiste n'échappe à personne, a droit à un solo, *Les Fleurs de mai*, dont le thème printanier est censé convenir à ses humeurs folâtres. Au milieu du récital, on passe à un morceau plus ardu et riche de sentiments. Il est dévolu à Charles : *La Petite Amie*, un andante religioso du plus bel effet. Charles joue avec fougue, les yeux mi-clos, sans consulter les partitions qu'il connaît par cœur. Mais que

regarde-t-il donc ? se demande Marie-Louise.
Applaudissements d'autant plus nourris que le
jeune virtuose a agrémenté le programme de polis
dessins pleins de fraîcheur, représentant des enfants
musiciens. Hormis sa mère qui lui en a donné
l'idée et qui a persuadé Mlle Schwartzenberger, on
ne lui connaissait pas ce don-là non plus. Après,
citronnade tiède et langues-de-chat pour tout le
monde, ce n'est pas ici que Charles trouvera « la
petite amie » en question. Demoiselles amidonnées
en petites filles modèles avec de gros nœuds dans
les cheveux, grandes sœurs de mauvaise humeur
qui bâillent et qui s'embêtent. De toute façon, il
n'est pas encore temps de s'intéresser aux filles.

Cependant, il s'est passé quelque chose d'important dont on ne mesure pas encore les conséquences. Lors des après-midi au parc, Marie-Louise
s'est liée d'amitié avec une certaine Mme Deloncle.
C'est une veuve du même âge dont le mari est
mort héroïquement aux commandes du paquebot
la Bourgogne qu'il a refusé de quitter lors de son
naufrage. Une histoire dans les nobles traditions
de la marine, abondamment racontée aux enfants
comme l'exemple à méditer d'un acte de bravoure
admirable. Charles semble intéressé, mais reste
silencieux et songeur. À quoi pense-t-il donc ? Avec
Mme Deloncle, on est en bonne compagnie, elle

professe des opinions tranchées, proches de celles des parents de Charles. Dans sa famille, on compte des députés et des sénateurs qui siègent à la droite de la droite et ne mâchent pas leurs mots sur le sort à réserver au traître Dreyfus. Le pacte de ces notables avec la République n'est qu'un arrangement politique provisoire concédé de mauvais gré pour servir cette pauvre France violentée par les francs-maçons et les Juifs. Il n'efface pas l'impardonnable martyre de la famille royale sous la Révolution ni le devoir patriotique de récupérer coûte que coûte les provinces perdues volées par l'Allemagne. Édouard Drumont est un grand auteur qui dit enfin la vérité et la jeunesse ferait bien d'apprendre par cœur les poèmes et les discours de Déroulède. Charles n'a pas envie de lire *La France juive* et trouve les poèmes de Déroulède ennuyeux, mais il s'arrange pour éviter d'en parler. Dans la parenté de Mme Deloncle, on trouve aussi son père, le colonel Grossetti. Il s'est couvert de gloire en Algérie et au Tonkin en écrasant, d'une main qui n'a pas tremblé, des populations ensauvagées qui n'ont pas compris le message de paix et de civilisation apporté par la France. Encore un Corse, parfait pour l'épouse du médecin principal qui garde un attachement sans nuance pour l'île natale de l'Empereur. Mauvaise pioche cependant : Charles le retrouvera plus tard sur le front d'Orient, où le général, scrogneugneu d'une notion étriquée et punitive du devoir, n'aura rien de mieux à faire que de veiller à ce qu'il soit affecté aux avant-postes les plus exposés. Mme Deloncle a un fils, Eugène, l'âge de Charles à quelques mois près, très bon élève et aussi féru de lettres antiques, abreuvé au même lait amer du patriotisme exalté, de l'antisémitisme et de la haine de « la gueuse », mais sans la beauté solaire et le charme mystérieux de celui qui devient son meilleur ami. Il lui voue très vite une affection exaltée. Les deux garçons sont inséparables. On est en pleine affaire Dreyfus, les tensions avec l'Allemagne laissent présager une guerre inévitable, l'Entente cordiale est une combine pour politiciens qui ont oublié Fachoda. Ainsi sont-ils, à se monter la tête avec les œillères de leur âge, de leur éducation et de leur milieu. Il n'en sera pas toujours ainsi, mais ils ne peuvent pas s'en douter.

Un événement extraordinaire à marquer d'une pierre blanche survient aussi à cette période de latence dans la tyrannie paternelle. Excipant de ses excellents résultats dans l'étude des langues anciennes, Charles convainc son père de l'emmener au cinéma pour voir *Le Prophète*, un grand film américain sur la vie de Moïse. Miracle à tous les étages : le cinéma commence à produire des œuvres ambitieuses, ce prophète est un pionnier et on peut lire de grands articles dans les journaux qui saluent l'événement ; il existe maintenant des salles à Versailles, le temps de l'attraction foraine est révolu, et surtout, le médecin principal accepte l'invraisemblable proposition de Charles. Il ne va pourtant jamais au cinéma, une vulgaire attraction pour les domestiques, les voyous et les femmes en cheveux, tout à fait inappropriée de surcroît pour un gamin de l'âge de Charles qui va maintenant pourtant vers ses 14 ans. C'est ainsi qu'ils se rendent tous les deux, à la stupéfaction de Marie-Louise, au Kursaal de la rue Saint-Simon, une salle très fréquentée malgré sa consonance allemande. Ce n'est pas la première fois pour Charles, il est touché par la maladresse de son père qui ne sait comment s'adresser à l'ouvreuse et qui regarde furtivement autour de lui de peur d'être reconnu. Pourtant, un père qui va au cinéma avec son fils pour lui faire plaisir, a priori quoi de plus naturel ! Charles se berce d'illusions, l'affaire ne tournera pas comme il l'avait espéré. En tout cas, *Le Prophète* fait une forte impression sur Charles, même si l'Antiquité à la sauce américaine n'a que peu de rapports avec celle dont il traque les solécismes dans sa grammaire latine. Il faut bien reconnaître qu'on est loin de *De viris illustribus*, mais enfin tout cela se passe à peu près à la même époque, et là-bas dans les sables d'Hollywood, c'est comme en Palestine. Les danses lascives des esclaves du pharaon, la traversée de la mer Rouge, la table des Dix Commandements, c'est évidemment bien mieux qu'au catéchisme, qu'il sèche d'ailleurs de plus en plus souvent. Il constate en revanche, à la lueur tremblotante de l'écran, que son père se rembrunit de plus en plus à côté de lui. Trop de Juifs dans cette histoire, sans doute. Il faut pourtant attendre l'épisode de l'adoration du veau d'or, pour que son père, n'y tenant plus, se fende d'un commentaire à voix haute entraînant un déferlement de « chuts » indignés dans le public : « La trahison, la passion de l'or, il ne faut rien attendre d'autre de la part de ces gens-là, je te l'avais pourtant bien répété ! » On rentre à la maison à pied. Il fait froid dehors et un peu partout. Le médecin principal ne dit plus rien, il retrouve la mâchoire serrée des mauvais jours un peu plus à chaque pas. Charles pense que ce n'était peut-être pas une bonne idée finalement, cette séance de cinéma. Gros succès de Charles en revanche, quand il raconte le film à Eugène, Mercedes, ses frères, la petite bonne, mais sa mère ne dit rien, elle attend le pire. La chape de plomb retombe sur la famille, les terrifiantes séances de répétitions reprennent, d'autant plus pénibles que Charles persiste à être faible en maths. La rébellion ne saurait tarder. C'est la fin de l'accalmie de Versailles, tout est à refaire.

Ils sont plusieurs sur une photo de 1907, prise sur la plage de Berck durant les vacances d'été. Suppression générale de camaraderie et de gaieté. Trois enfants dont Paul, 11 ans maintenant, au sourire espiègle et gouailleur. Il n'a vraiment pas l'air d'avoir été traumatisé par les orages familiaux. Trois jeunes filles dans le bon genre sage et plutôt charmantes, avec déjà des corps de femmes, souriantes, un peu gauches. Deux adolescents, l'un a tout du bon garçon qui aime rire et s'amuser, l'autre c'est Charles en retrait, on pourrait dire comme d'habitude. Coupe de cheveux en brosse, ce qui n'est plus de son âge, regard direct et intense, différent et mélancolique, on pourrait dire encore comme d'habitude. Puisqu'il est toujours gracieusement ailleurs. Charles a 16 ans, il vient de passer son bachot haut la main, il est inscrit pour une nouvelle année à Louis-le-Grand, en khâgne pour préparer le concours de Normale supérieure. Un choix qui exaspère son père qui voudrait le voir à Saint-Cyr. Le médecin principal a perdu de sa superbe sans avoir renoncé à la contrainte. Pas de tenues de plage, Berck c'est au nord, le vent souffle fort au paradis des chars à voile et des phoques aperçus à marée basse. De loin, ils font peur aux filles. Marie-Louise a loué une petite villa près de la mer pour l'iode et le bon air. Les nouvelles fonctions du médecin principal

qui vient d'atteindre un échelon élevé l'ont placé à
la tête d'un service dans un hôpital parisien. Ses
nouvelles fonctions lui prennent beaucoup de
temps, il ne monte pas souvent à Berck. Charles
peut profiter tranquillement de la présence de sa
mère après deux années d'internat où elle lui a
beaucoup manqué. Elle s'inquiète pour lui, elle
sent monter le danger d'un affrontement inévitable
avec son père qui va forcément rouvrir les hostilités
à propos de ses études. Et la menace se précise de
plus en plus, Charles passe le plus clair de son
temps à lire et à écrire des poèmes. Il les envoie à
Eugène qui les trouve magnifiques et essaie de
l'imiter. Mais ces premiers vers ne sont pas pour
lui, Charles se prétend amoureux d'une des trois
jeunes filles :

« C'est la chanson d'une fontaine
Des rires de filles tout près,
C'est la rumeur d'un nid,
Lointaine, le murmure d'aveux discrets. »

Ils s'envolent comme les cerfs-volants au vent
marin sur la plage de Berck, si haut que la petite
destinataire ne les lira sans doute jamais. Mais
Charles en garde une copie dans de petits carnets
qu'il appelle ses talismans, il les porte partout avec
lui. Ils le protègent contre les accès de colère froide

de son père. L'homme de science méthodique et rigoureux qui manque tellement de raison dans le désordre de ses sentiments.

Plus tard, bien plus tard, lorsqu'il sera sous-lieutenant sur le front d'Orient, on le verra fouiner dans le barda d'un tirailleur sénégalais fusillé net dans la tranchée par une balle tirée par ceux d'en face. Le mort gardait, dans un petit paquet bien ficelé, un caillou de couleur portant l'empreinte d'un coquillage, une plume d'oiseau rouge, le couvercle d'une boîte de conserve avec dessus l'image de réclame d'une femme blanche souriante et bien en chair, un morceau de glace brisée. À ses hommes qui s'étonnaient d'un inventaire si méticuleux, il répondra : « Ah, elle est belle, la force noire de Mangin que nous ne savons même plus honorer quand elle meurt ! Ces amulettes de Nègre, ces débris sans valeur à nos yeux, de petits fétiches pour que les esprits tiennent la mort en respect, pourvu qu'ils soient enterrés avec lui afin de veiller sur lui dans son voyage vers l'au-delà ! Moi aussi, j'emporte partout mes propres amulettes, de petits écrits sans importance. » Les hommes resteront silencieux, c'est eux qui retrouveront ses carnets et ses cahiers de poèmes dans sa cagne. Comme celui du pauvre Nègre, ils n'auront pas réussi à le protéger.

Les années parisiennes de Charles sont assez mystérieuses. Elles correspondent à la fin de son

adolescence, à l'affirmation de son apparence apol-
linienne. Il n'y prête aucune attention et n'a pas
beaucoup d'occasions d'en profiter. Il est donc
pensionnaire à Louis-le-Grand, malgré l'hostilité
que son père manifeste à l'égard d'un lycée de la
République, où ont étudié Robespierre et Saint-
Just. Le médecin principal n'a jamais eu les moyens
de payer la scolarité d'une école catholique aussi
réputée que Louis-le-Grand, et après l'expulsion
des congrégations, il est bien obligé de prendre son
mal en patience. Charles également, le voilà à l'abri
des emportements de son père dont la carrière
continue à déplacer toute la famille entre Belfort
et à nouveau Marseille. Ses excellents résultats lui
assurent une protection supplémentaire. Son
inscription en khâgne lui permet aussi de se lancer
à corps perdu dans les études gréco-latines qui lui
sont chères et d'écrire un poème après l'autre. Il
les rassemble dans un premier recueil daté de 1909,
l'année de ses 18 ans, et il les signe du nom de sa
grand-mère de Cambrai, Charles Wiart. Un autre
indice de sa curieuse proximité avec cette vieille
dame au caractère pourtant réputé difficile. Il lui
rend régulièrement visite durant les courtes
vacances d'automne et de printemps. On ne sait
rien de leurs échanges, sinon qu'il se montre fidèle
à ces rendez-vous et qu'elle ne met aucun obstacle
à l'usage du pseudonyme qu'il lui emprunte. Sa

mère vient aussi le voir régulièrement, ce sont des retrouvailles un peu contraintes, comme s'il était un prisonnier qui ne dispose que de quelques heures avant de regagner sa cellule. Il est réticent à lui lire ses poèmes en affirmant qu'ils sont trop mauvais pour affronter son jugement. Mais elle sait bien que sa réclusion est volontaire et elle a le sentiment qu'il lui échappe. Ils échangent ensuite des lettres qui les rassérènent un peu. En revanche, son père ne vient jamais le voir et ne lui écrit que de loin en loin des missives impersonnelles et froides. Son principal lecteur est le fidèle Eugène dont l'affection pour Charles est toujours aussi vive. Ils explorent ensemble les alentours de Paris durant leurs dimanches avec une préférence pour de longues balades dans la forêt de Saint-Germain. Ils les vivent comme des aventures d'explorateurs. Leurs conversations tournent autour des devoirs virils de jeunes gens de leur âge, le culte de la force vitale et de l'énergie, les bienfaits du sport pour maîtriser son corps. L'accent est mis également sur la pureté contre la tentation des jeunes filles, l'attirance pour des femmes sans aveu dont on fait des romans. Ce n'est pas un idéal trop difficile à atteindre, à rester enfermés toute la semaine dans leurs bahuts, au fond ils n'en connaissent aucune. Pas un mot sur les ardentes surprises des dortoirs et les amitiés particulières en général. Charles sent

bien que c'est un sujet qui met Eugène particulièrement mal à l'aise. Il se voudrait poète et helléniste,
mais refuse de s'intéresser aux aventures de Rimbaud
et Verlaine, aux pages arrachées par la censure scolaire, aux récits des mœurs de la Grèce antique,
quand Charles prétend qu'il est au contraire, nécessaire de les connaître. Ainsi, Barrès l'emporte nettement sur André Gide, *Le Culte du moi* plutôt que
Les Nourritures terrestres. Pourtant l'affection exaltée
d'Eugène pèse un peu sur Charles, et il lui arrive
alors de charger la barque pour mettre à l'épreuve
les réticences de son ami, qui parfois l'amusent et
parfois l'irritent et lui déplaisent :

> « Joyeux je chercherai quelque jeune homme blond
> Presque imberbe à la chair de fille et blanche
> Comme sont les enfants du pays du houblon ! »

Eugène est petit, noiraud et il transpire abondamment. Il se sent perdu devant de tels aveux, il
se demande si Charles l'aime vraiment et, pris de
panique, il voudrait soudain s'enfuir des sous-bois
de Saint-Germain. Mais Charles est le maître de
leurs expéditions du dimanche, il est impossible de
lui échapper et puis ses accès de sadisme ne durent
pas longtemps. Il console et réconforte Eugène. Ils
s'enfoncent tous les deux dans la forêt. Ils
reprennent le cours de leur conversation interrompue sur les méfaits qu'ils attribuent à la plupart des

hommes politiques, une coterie de profiteurs et de combinards qui mènent la France à un régime d'abandon et de lâcheté. Un motif revient régulièrement : « On crève d'ennui depuis Sedan, on nous a endormis et corrompus, on se traîne, vivement qu'il se passe quelque chose. » Charles se vante auprès d'Eugène d'avoir assisté à une manifestation de Camelots du roi sur le boulevard Saint-Michel, et à sa répression brutale par les gardes mobiles. Il écrit à sa mère : « J'ai vu la police française frapper des Français et protéger des Noirs, des Turcs, des Jaunes, des Allemands, outre notre colère patriotique. Nous devions tout accepter de l'étranger, sinon être traînés au poste. » Eugène aurait pu écrire la même chose à Mme Deloncle s'il avait assisté à la même scène où la jeunesse patriote subissait les assauts des protecteurs « des métèques et de la vermine dreyfusarde ».

« Oui, vous êtes le bruit, les Barbares, le nombre !
Vous couvrirez le sol d'une vermine sombre
Et d'une lèpre, je le sais !
Vous ferez aboyer vos canons, lourds molosses,
Vous lancerez sur nous vos troupes de colosses
Assoiffés de beau sang français ! »

Une complicité qui les entraîne vers des pensées nihilistes dans la fièvre de leurs échanges. « Et si nous avons par malheur des héritiers, nous leur léguerons une tâche si lourde qu'ils succomberont sans force, ruines parmi les ruines. » Ils se rendent bien compte que leurs expéditions à Saint-Germain n'ont qu'un temps. Ils ont 18 ans, ils tournent en rond, ils voudraient dominer le monde mais ils n'ont accès à rien et ne connaissent personne. Des enfants du siècle sans autre perspective que celle de réussir leurs études. Eugène renonce à ses projets littéraires, il prépare Polytechnique où il est reçu brillamment. Les études des deux amis sont très astreignantes et les éloignent imperceptiblement l'un de l'autre. Leurs relations s'espacent.

Le médecin principal est nommé à Montpellier. Il est désormais inspecteur de première classe, officier de la Légion d'honneur. C'est l'aboutissement espéré d'une carrière à l'avancement régulier, pourtant cette réussite n'adoucit pas son caractère. Il exerce ses fonctions avec une rigueur inflexible et des mouvements d'humeur tels que l'on commence à murmurer dans les hautes sphères de l'armée sur le compte de cet « officier d'élite mais au zèle erratique, parfois à la limite de la discipline ». Il peut continuer néanmoins à exercer sa férule sur ses enfants, non sans accrocs désormais. Ils ont grandi et appris à se défier de lui et à lui résister. Mercedes est la plus allante. Alors qu'il lui reproche d'être mal coiffée, la jeune fille coupe ses cheveux et les met dans son assiette pour le dîner. Fureur, avalanche de gifles et de punitions mais aveu d'impuissance : « Vivement qu'on lui trouve un mari ! » Les garçons se tiennent à carreau mais n'en pensent pas moins. Charles est épargné, il est toujours à Louis-le-Grand, hors de sa portée. Avec Marie-Louise, des conflits incessants ont cédé à la lassitude. Il règne entre les époux un climat de paix armée qui ne contribue pas à égayer l'atmosphère. Pourtant la famille s'est installée dans un quartier plaisant, l'enclos Laffoux. Une sorte de village presque campagnard, à proximité des hôpitaux et des casernes, juste après le cours d'eau du Lez, pas très loin du centre et de la place de la Comédie avec ses grands magasins, ses brasseries, la modeste petite gare du train de Palavas que les adolescents empruntent pour aller voir la mer. C'est aussi un lotissement de petites villas plutôt coquettes, construites par un philanthrope très catholique qui a parsemé les voies privées du domaine de statues de la Sainte Vierge et d'ex-voto édifiants. On ne loue qu'à des familles à la réputation irréprochable. Il y a de jolis jardins, des arbres, des enfants qui jouent au cerceau sous le regard de quelques gouvernantes au voile bleu, c'est très tranquille, le domaine protégé d'une bourgeoisie de province honorable et méritante. Or le reste de la ville est en ébullition.

La révolte des gueux a laissé des braises qui
peuvent se rallumer à tout instant. Au départ il
s'agit d'un simple accès de mauvaise humeur de la
part des petits viticulteurs et des vignerons du Sud-
Ouest, accablés par la concurrence des vins d'Algérie et la corruption des chambres d'agriculture
acquises à la puissance des grands domaines. Mais
ces messieurs de Paris ont pensé que ça se termine-
rait comme d'habitude avec ces têtes chaudes du
Languedoc par des farandoles et des banquets. Le
réveil est brutal : manifestations mobilisant des
foules de plus en plus considérables, fonctionnaires
brutalisés et députés affolés, préfectures mises à sac,
maisons d'arrêt prises d'assaut, trains retournés,
plusieurs morts durant des échauffourées avec les
forces de l'ordre débordées, fraternisation du 17ᵉ
régiment d'infanterie avec les émeutiers. En 1907,
Montpellier est en insurrection avec plus de six
cent mille manifestants chauffés à blanc par
l'alliance au tonneau des patriotes royalistes et des
militants socialistes. Le président du Conseil et
ministre de l'Intérieur Clemenceau prend la
mesure de la situation et d'une menace de sécession
des départements du Midi : il cède à certaines
revendications, corrompt les meneurs et fait
donner l'armée en renfort pour une répression
sévère qui remplit les prisons. Le Tigre y gagne une
réputation de dictateur haï par les électeurs du

Midi. Ces mesures ramènent peu à peu le calme mais l'alerte a été chaude, les flammèches de l'incendie ont léché les douces frondaisons de l'enclos Laffoux.

Le médecin inspecteur est à son affaire dans ce maelström de confusion et de violence. Officier supérieur, il applique la discipline militaire, rudoie les émeutiers blessés qu'on brancarde dans les hôpitaux et appuie formellement des mesures de répression. Royaliste impénitent dans son for intérieur, il incrimine la République des vendus et des incapables, coupables de la gabegie sanglante.

« Je ne suis qu'un roseau qui tremble au vent qui passe » : Charles a suivi le déroulement des événements depuis Paris et lu les lettres inquiètes de sa mère. Au lycée, ses condisciples se fichent bien de ce qui peut se passer chez ces péquenots du Midi et cette indifférence le gêne. Dans ses conversations avec Eugène, il était question de l'honneur de la France et de la défense de la patrie, mais le peuple était absent. Comme s'il n'existait pas, une utopie qui n'entrait pas dans le cadre de leurs grandes réflexions sur la restauration de la gloire nationale. Et s'il lui arrive d'y penser désormais, Charles par atavisme se méfie du peuple et du peuple en colère encore plus réduit à la populace qui a guillotiné le roi, aux tricoteuses qui insultaient Marie-Antoinette sur sa charrette quand on la conduisait au supplice. Les seules images transmises par sa famille. Où le peuple vient se rappeler au bon souvenir de ceux qui ont ignoré son existence. Et Charles n'a pu s'empêcher d'être remué par la détresse et la révolte désespérée de ces milliers de pauvres gens broyés par les forces de l'argent et la morgue des bourgeois. Ils ont réclamé qu'on leur rende justice, et on leur a tiré dessus. Charles a trop souffert de l'injustice de son père, le notable respecté et décoré, sûr de son bon droit, qui opprime sa famille et dédaigne les faibles. Les sentiments se sont rejoints. Il s'est surpris à fredonner les couplets de Montéhus à la gloire du 17e d'infanterie : « Légitime était votre colère, le refus était un devoir, on ne doit pas tuer ses père et mère pour les grands qui sont au pouvoir, on ne se tue pas entre Français, petits soldats, oui, vous avez bien fait ».

Et plus il pense à son père et plus il penche pour les révoltés. Mais Montpellier c'est loin, et c'est trop tard maintenant, la loi et l'ordre l'ont emporté. La blessure s'est refermée, il en garde pourtant la cicatrice. Il tente d'en faire des poèmes qui réconcilieraient la foi chrétienne et la justice sociale :

« Pitié pour ceux qui haïssent
On leur vole la charité
Pitié pour ceux qui punissent
Ils ignorent la bonté. »

Mais ça ne prend pas bien, il sent que ce n'est pas très bon. Qui pourrait s'intéresser à son appel ? La réponse viendra peut-être plus tard. En attendant, il ne croit plus en Dieu et il a réussi le concours de l'École des chartes.

La perte de la foi s'est effectuée imperceptiblement, au fur et à mesure de l'abandon progressif d'une pratique religieuse qui l'a toujours ennuyé. À force de s'interroger sur la mort des civilisations antiques, la fin des dieux du paganisme, l'oubli de la mythologie, Charles en est arrivé à la conclusion que la religion catholique subira tôt ou tard le même sort. Il n'a jamais aimé l'Église, il lui reproche ses crimes passés, son moralisme punitif, la tartuferie des hommes en soutane. Il n'éprouve aucun regret en prenant conscience du caractère irrémédiable de la rupture, c'est une libération. Il ne reviendra jamais en arrière. Elle ne le met pourtant pas à l'abri de brusques élans de spiritualité confuse, d'une bizarre hantise de la faute et du péché, d'un sentiment de culpabilité irrationnel qui le frappe dans les circonstances les plus inattendues. Tout ce que le malheur attend de lui pour peser sur sa vie. Il le met sur le compte des punitions et de la tyrannie exercées par son père, incompréhensibles pour quiconque aurait un jugement sûr. L'enfant apeuré et qui se replie sur lui-même a forcément eu tort quelque part, il est devenu un homme secret que son intelligence et ses talents ne peuvent suffire à tranquilliser. Il en a conscience, mais ça n'arrange rien. Le sentiment diffus d'inquiétude l'étreint encore plus fort lorsqu'il se retrouve en présence de son père. Il craint aussi de lui ressembler : songes morbides, bouffées de violence, idées fixes, préjugés méprisants et sentiments amers. Les tenir en laisse est un combat permanent qu'il n'est jamais sûr de remporter. Enfin il a tout juste 20 ans, il est encore plein d'espoir et il sent bien qu'il exerce sur autrui une séduction qu'il ne s'explique pas.

Sa candidature à l'École des chartes est une autre victoire. Mais il est si inquiet à la perspective de devoir affronter son père qu'il rédige une sorte de mémorandum pour fixer ses idées et renforcer sa résolution. Tout est consigné sur un autre cahier retrouvé dans le tiroir oublié d'Évian : sa décision, l'affrontement avec le médecin principal et finalement l'abandon et l'échec de la tentative d'évasion. Il est probable qu'il a accueilli la guerre et la perspective d'y être tué comme la moins mauvaise solution pour mettre fin à son impuissance. Son père le tue, mais c'est à d'autres, les ennemis inconnus, qu'il va confier la tâche de tirer un trait sur une vie qu'il ne supporte plus.

« L'enseignement trop scolaire de Louis-le-Grand ne m'intéresse plus. J'ai donc décidé de tenter le concours de l'École des chartes. J'aurais pu essayer Normale Sup mais mon année de khâgne m'en a dégoûté. Je ne me vois pas finir ma vie, alors qu'elle commence à peine, à enseigner le grec et le latin à des morveux qui s'en fichent. Mon cher professeur infirme est mort, je n'aurai pas à me justifier auprès de l'homme que j'estime le plus au monde. C'est déjà un miracle si ma passion pour les lettres anciennes a pu résister aux affreuses séances de répétitions infligées par mon père. La perspective de me consacrer à l'étude et au déchiffrement des inscriptions antiques me sourit beaucoup plus. C'est une recherche qui complète mes études et qui me laisse une certaine dose d'initiative personnelle. Comme prévu, mon père est très hostile à cette nouvelle orientation et son mécontentement alourdit encore l'atmosphère à l'enclos Laffoux lorsque je lui fais part de ma décision. Il me harcèle pour que je m'inscrive à la préparation de Saint-Cyr et menace de me couper les vivres si je m'obstine. Aucune importance, je donnerai des cours particuliers comme il l'a fait d'ailleurs lui-même quand il avait mon âge, et ma grand-mère de Cambrai a promis de m'aider. C'est un peu étrange cette animosité qu'elle porte à son fils qui lui ressemble par beaucoup de côtés et cette préférence qu'elle me manifeste à chaque fois que j'ai besoin d'elle. Mais non, c'est comme ça, et c'est tant mieux. Mes poèmes paraissent dans des revues, elle est très fière que je les signe de son nom.

Entre la fin de l'année scolaire à Louis-le-Grand et les épreuves du concours à l'École des chartes, j'ai quatre mois devant moi pour me préparer. Je m'installe à Marseille, souvenirs d'enfance avec ma mère et ce n'est pas trop loin de Montpellier où je pourrais aller la voir. J'y ai trouvé une petite chambre à louer, grâce aux mandats que je reçois de ma grand-mère et de ma mère. Ma logeuse est une veuve compatissante qui me chante les louanges de sa fille, une demoiselle à marier, bien gentille mais dépourvue de grâce, grandes dents, soupçon de moustache, boutons sur les épaules. Je fais le bon garçon pour ne pas la décevoir, c'est autant de gagné pour les retards de loyer. Voilà un calcul qui ne m'honore pas vraiment ! Je vais assez régulièrement à Aix où je profite pleinement de la bibliothèque universitaire. Il y a un petit train pas cher et très commode depuis la gare Saint-Charles. Je pars tôt le matin, je rentre le soir, après ça se complique un peu. Aix, la bonne et belle ville des étudiants et des jeunes filles en fleur à l'accent du Sud. J'y rencontre aussi une jolie femme dans la trentaine qui m'a souri cours Mirabeau. C'est l'épouse d'un pharmacien qui s'ennuie à la maison, une très bonne personne émue par mon sort. Elle se donne à moi, on va dans un petit hôtel discret où elle s'est déjà rendue avec d'autres amants, elle est amoureuse, me dit des mots d'amour à n'en plus finir, j'éprouve beaucoup de plaisir avec elle, c'est le premier corps de femme qui tremble lorsque j'approche ma main pour la caresser. Elle m'affirme qu'elle serait prête à tout quitter pour moi, mais c'est une situation impossible, elle pleure en m'emmenant dîner à la brasserie Les Deux Garçons, indifférente aux regards des habitués qui la connaissent certainement. On se sépare, ce sera un beau souvenir.

J'ai aussi le temps d'écrire, le trop-plein de vie entre Marseille et Aix se déverse sur mes petits carnets. Ce n'est pas toujours très fameux, mais il y a aussi quelques bonnes choses que j'envoie à ma grand-mère de Cambrai. Elle me répond avec des lettres enthousiastes dont le ton me semble bien exagéré. J'ai obtenu ma licence de lettres, une sorte de miracle, et je suis finalement reçu au concours de l'École des chartes en novembre 1910, sixième sur quatorze candidats admis. Ce n'est pas un résultat flambant, mais compte tenu des circonstances je ne m'en tire pas trop mal. Lorsque je passe mes oraux (train de nuit depuis Paris dont je ressors les yeux écarquillés comme un hibou) l'un de mes examinateurs me dit que j'ai remis une très bonne copie et que je lui parais doué et précoce.

Je ne lui dis pas que j'écris aussi des poèmes qui sont publiés dans des revues. J'ai le sentiment que je maîtrise enfin ma vie et qu'elle s'ouvre vers des horizons pleins de lumière.

J'espère follement que mes résultats auraient dû amadouer mon père. D'autant plus que l'École des chartes traîne la réputation d'être un repaire d'étudiants d'Action française. La célébration de notre patrimoine, des monuments anciens et de la Grèce antique, tout cela ne peut que plaire à Maurras mais ce n'est pas suffisant pour mon père. Il retient surtout que l'école s'est déchirée durant l'affaire Dreyfus. On y trouve, selon lui, autant de lecteurs de Zola que de patriotes arborant la fleur de lys à la boutonnière. Il est même question d'admettre des jeunes filles dans les prochaines promotions et, pis que tout, j'aurai à côtoyer des condisciples juifs forcément ennemis de nos meilleures traditions historiques. Enfin c'est ce qu'il pense et qu'il m'expose avec véhémence. Comme je n'ai en fait jamais rencontré de Juifs, je ne m'aventure pas à me battre sur ce terrain-là. Tout s'envenime très vite quand j'insiste pour regagner Paris et suivre les cours de l'école. Mon succès au concours m'y oblige. Les paroles indignées résonnent longtemps à mes oreilles et je n'ai ni le temps ni la force d'y répondre : "Un moignon d'université républicaine pour dilettantes qui s'y inscrivent parce qu'ils ne savent rien faire d'autre que de jouer au piano dans les salons de vieilles chipies mondaines et de bayer aux corneilles dans des cafés du Quartier latin, infestés de traîne-savates et de pédérastes. Paléographe ? Mais ce n'est rien, antiquaires et vieilles pierres, une carrière de rat de bibliothèque et de miséreux à manches de lustrine perdus dans des musées de province, quand tu pourrais connaître une ascension brillante à l'armée !" Le conflit déborde évidemment en de nouvelles disputes avec ma mère qui soupire en vain. Il me semble d'ailleurs qu'elle n'est pas tout à fait sûre de mon choix et qu'elle n'ose pas me l'avouer. Je résiste tant bien que mal, je m'en tiens à ma résolution mais hélas les dieux ne sont pas avec moi et le destin en a décidé autrement.

À peine ai-je regagné Paris, trouvé un foyer d'étudiants pour me loger, commencé mes cours, rencontré mes futurs camarades et touché mon premier pécule, que je tombe gravement malade. Entérite et congestion pulmonaire. Le contrecoup certainement de l'affrontement avec mon père qui a insidieusement miné ma santé. Je dois demander un sursis d'un an à l'école qui me l'accorde sans faire de difficultés. C'est alors que je commets l'erreur fatale de retourner à Montpellier pour me soigner. Je ne vais vraiment pas bien, ma convalescence traîne, émaillée de rechutes. Mon père en profite pour relancer l'offensive. Mais il s'y prend autrement en adoptant un ton inusité de bien-veillance et de compréhension virile : "Tu vois bien que cette école ne te vaut rien, elle se détache de toi à la première alerte. Tu es devenu un dilettante comme les autres. Et puisque tu as l'air d'y tenir tellement malgré tout, intègre Saint-Cyr pour honorer l'armée, ton pays, ta famille, ta mère et moi. Tu iras dans ton école de songe-creux après. Mon camarade le colonel Grossetti, dont tu as entendu parler chez nos amis Deloncle, m'a confirmé que c'était possible. Tu fais Saint-Cyr et tu vas renifler tes vieux monuments ensuite. Ils t'attendent, ils t'attendront encore."

Ma mère me conseille d'accepter le marché, je suis épuisé, j'ai la faiblesse de l'écouter. Je demande un nouveau sursis à la direction de l'école en précisant que je reprendrai mes cours dès que j'en aurai fini avec mes obligations militaires à Saint-Cyr. L'heure est aux affrontements politiques à propos de la loi de trois ans qui rallonge le service militaire et la tension avec l'Allemagne est très vive depuis le coup d'Agadir. L'école est certainement contaminée par la fièvre patriotique et le sursis m'est accordé de nouveau.

Je commence à préparer le concours de Saint-Cyr, je sens constamment le souffle de mon père sur mon épaule, je suis pris au piège. Quelque chose s'est brisé en moi, je n'ai plus de goût à rien, la seule chose qui me garde encore en vie c'est de pouvoir écrire. Mes poèmes me valent l'estime des lettrés de l'académie de Montpellier, c'est un fil ténu auquel je m'accroche désespérément. Je rate évidemment le concours de Saint-Cyr et je m'inscris pour recommencer. Cet échec a un avantage, il me permet d'obtenir un sursis d'incorporation pour le service militaire. Je suis devenu un spécialiste des sursis mais ça me laisse du temps pour écrire. Mon père souffre d'une de ses crises d'asthénie à répétition et me laisse à peu près tranquille. Il pense avoir gagné la partie, le temps travaille pour lui, même s'il considère avec dédain mes modestes succès littéraires. Je lui cache que j'ai commencé à écrire une pièce de théâtre en alexandrins et que je cherche une scène pour la présenter, mais je ne dispose pas de relations dans ce domaine. Et puis je manque encore de force et d'énergie pour nouer les contacts nécessaires. En fait j'avance peut-être, mais comme un somnambule dans le brouillard. Ma mère ne sait pas comment me venir en aide alors que c'est ma présence à l'enclos Laffoux qui la protège dans une certaine mesure. Ma sœur, mes petits frères qui ne sont plus petits d'ailleurs me témoignent aussi beaucoup d'affection. Mercedes : "Il faut laisser Charles tranquille, il travaille sur sa tragédie." Fernand me demande comment ça se passe pour

la première fois avec une femme, quant à Paul, si
amusant et si vif, il me voue une admiration que
je ne mérite guère mais qui me touche beaucoup.

Je retrouve pourtant peu à peu la santé et les
forces qui vont avec. Ma pièce de théâtre est accep-
tée pour un petit festival local. Elle est jouée avec
un certain succès et me vaut un prix décerné par
l'académie de Montpellier, décidément intéressée
par mes travaux littéraires. Je sors aussi de plus en
plus souvent de l'enclos Laffoux et je recommence
à regarder les créatures comme lorsque je traînais
sur le cours Mirabeau à Aix. À Montpellier ça ne
manque pas non plus, les charmantes jeunes filles
à conquérir en se promenant dans les allées du
Peyrou, les gentilles chanteuses qui entonnent *Le
Petit Cœur de Ninon* au casino de Palavas. Fernand
insiste beaucoup pour que je l'emmène avec moi,
il chantonne "Le petit cœur de Ninon à tout
venant se prête mais ne se donne pas" dans le train
qui nous ramène à l'enclos Laffoux. Le gamin est
vraiment charmant, mais je m'inquiète un peu
pour lui. Je tente de le mettre en garde contre le
cœur des femmes car j'enchaîne les déceptions
amoureuses. Il paraît que je suis trop beau, mais
aussi trop tourmenté pour leur plaire. Je leur fais
peur ou je les ennuie. De futures bourgeoises qui
pensent surtout à se marier et qui ne lisent pas mes
poèmes. Il m'arrive aussi d'aller Chez Lucienne, le

bordel de la rue d'Alger. La Madame m'a à la bonne, elle a fait des affaires pendant les émeutes et elle me fait crédit, ce qui n'est pas son genre : "Un beau jeune homme comme vous, ça rehausse la clientèle." Je n'abuse pas trop de sa bienveillance, car j'ai trop peur d'y croiser un jour mon père.

J'ai hâte de rater à nouveau le concours de Saint-Cyr et de pouvoir retourner à l'École des chartes. Cette fois je saurai tenir tête à mon père, la volonté de lui résister m'est revenue. Il ne pourra plus rien faire pour me contraindre. Il ne me reste pourtant pas grand-chose des quelques semaines que j'ai passées à l'école avant de tomber malade. Ce sont des petits souvenirs que je chéris comme un trésor secret où je puiserai la force de l'envoyer au diable, même en abandonnant ma mère dans la prison verdoyante de l'enclos Laffoux. Je pense qu'elle comprendra. Ce que je garde de mon bref passage à l'école des Roches : la présentation de l'école pour les étudiants qui viennent d'arriver avec les noms des principaux directeurs de recherche, je n'en connais aucun, hormis quelques républicains farouches comme Gabriel Hanotaux. Le règlement intérieur a été modifié pour autoriser les candidatures féminines, le menu d'un banquet particulièrement roboratif offert par les élèves au "cornichon" Cahier (élève de première année) : filet de Lyon à la Richelieu, pigeons à la catalane, chapon de Bresse, bombe glacée, champagne et liqueurs, etc..., la liste des étudiants de la promotion à laquelle j'aurais dû appartenir et où j'avais noté, avec la satisfaction de déplaire à mon père, la présence d'un certain Levy déjà agrégé de grec ancien, une petite carte de visite à mon nom où j'avais fait inscrire : *Élève de l'École des chartes*, et même l'odeur d'encaustique de la bibliothèque que je n'ai jamais retrouvée ailleurs. Et puis aussi le souvenir d'une rencontre avec un chartiste extraordinaire qui venait d'obtenir son diplôme en soutenant un mémoire remarquable sur l'abbaye de Jumièges. Il s'appelait Roger Martin du Gard et il écrit maintenant des romans que je n'ai pas lus, mais qui sont paraît-il de grande valeur. Je lui avais manifestement tapé dans l'œil et durant les quelques moments que nous avons passés ensemble, ce fut une relation vraiment particulière toute nouvelle pour moi. Rien à voir avec l'amitié entre Eugène et moi où j'ai toujours eu l'impression de mener l'attelage, même s'il s'agissait à nouveau d'une sorte d'amitié amoureuse. Il faut croire que j'attire ce genre de relations et je n'y vois aucun inconvénient. Mon nouvel ami exprimait une joie évidente à parler avec moi. Il me traitait comme si j'étais son égal. Tiré à quatre épingles en jeune bourgeois à nœud papillon, c'était un esprit indulgent et généreux, sans une once de méchanceté ou de cynisme. Toujours en éveil, désireux d'apprendre et de comprendre. Il ne croyait plus en Dieu, ce qui me confortait dans ma rupture avec la foi. Il ne détestait que la violence et la bêtise qui se satisfait d'elle-même. La conversation était éblouissante avec des traits d'humour inattendus à propos desquels j'essayais de rivaliser bien piteusement. Je me confiais un peu à lui, j'avais gardé beaucoup de mes illusions, j'étais encore sans amertume, il m'avait inspiré une confiance immédiate. Si je l'avais connu plus longtemps, je lui aurais montré mes premiers poèmes. Je pense souvent à des phrases qu'il m'a dites et qui sont restées gravées en moi, même si je n'en ai pas fait bon usage, durant mes deux années de marasme à l'enclos Laffoux : "Résistez, refusez les mots d'ordre, ne vous laissez pas affilier. Tâtonnez seul, dans le noir, ce n'est pas drôle mais c'est un moindre mal. Tout est permis du moment qu'on n'est pas dupe de soi-même, du moment qu'on sait ce qu'on fait et, autant que possible, pourquoi on le fait." Et celle-là que j'adore et qui peut servir dans de nombreuses circonstances : "Après tout, il est peut-être indispensable d'être un imbécile pour bien jouer au tennis !" Revenir à l'École des chartes, ce sera sans doute la chance de pouvoir le revoir, car il participe régulièrement aux réunions des anciens élèves et aime à rencontrer ceux qui viennent d'arriver. Je ne sais pas ce qu'il serait advenu de notre relation si elle avait pu se poursuivre. Il était très lié avec André Gide. Il m'aurait peut-être entraîné par des chemins dont je savais à peine qu'ils existaient et que je n'avais jamais empruntés, mais j'aurais sans doute tout accepté venant de lui. Aimer les femmes n'est pas une fatalité. Je ne l'ai pas revu après avoir quitté l'école, mais je pense encore très souvent à lui, et lui pense-t-il encore à moi ? »

*
* *

Fin du petit carnet, tout ce que je retrouve entre ses lettres et ses poèmes jette un éclairage différent sur ces pages désenchantées. Les lettres que Charles adresse à l'école pour demander un sursis sont humbles et particulièrement émouvantes. « Je suis profondément affligé, veuillez le croire, de ce repos forcé qui me fait perdre une année et qui, de plus, me sépare de mes condisciples et de mes professeurs. » « J'ai gardé de mes professeurs un souvenir qui ne s'effacera jamais. » « Je me soumettrai à la décision de l'école. » Au fur et à mesure de la lecture de ces lettres, on sent de plus en plus nettement sa volonté de retrouver sa place à l'école. En fait, les deux années du « marasme à l'enclos Laffoux » furent riches de réflexions et d'expériences, laissant présager un nouveau départ que la guerre a brisé net. À cet égard, j'ai retrouvé une brochure publiée par l'École des chartes en 1920 qui révèle à quel point Charles a pu se faire apprécier malgré le peu de temps qu'il aura passé à l'école.

Après la guerre en effet, l'École des chartes organise une cérémonie du souvenir en l'honneur des anciens élèves « morts pour la France ». Des allocutions sont prononcées par des députés, des professeurs, d'anciens élèves diplômés. Le nom de Charles est cité à plusieurs reprises. L'ordre retenu pour ces évocations est celui des dates où les décès sont survenus. Son condisciple Pierre Levy, blessé quatre fois, croix de guerre, trois citations, tué à l'ennemi près de Verdun en août 1917, est accolé à celui du sous-lieutenant Charles Cahier, chevalier de la Légion d'honneur, cité à l'ordre de l'armée, tué à l'ennemi sur le front d'Orient. Un voisinage dans le malheur et le seuil qui rappelle ces propos de son père qu'il avait pris en horreur sur « les Juifs » et les « dilettantes » qui trahissaient nos traditions historiques. Selon les mots mêmes employés par le médecin inspecteur lorsqu'ils bourdonnaient aux oreilles de Charles. Il a donc fallu la guerre pour que le fils efface l'ignominie de son père et que les deux combattants reposent ensemble, couchés dans la mémoire commune de leur sacrifice. Après avoir à nouveau cité son nom, l'un des orateurs ajoute d'une voix étranglée par l'émotion : « Nous nous souviendrons toujours de ce jeune étudiant souriant à l'avenir, superbe tel un dieu de la Grèce antique et attirant à lui toutes les sympathies. » L'homme qui s'exprime ainsi est « tiré à quatre épingles, un jeune bourgeois à nœud papillon, respirant l'humanité et la bienveillance ». En 1920, Roger Martin du Gard pense toujours à Charles.

En 1913, la saison culturelle d'été au théâtre du casino de Lamalou-les-Bains s'annonce brillante. Il est prévu une représentation de gala prestigieuse pour la soirée du 19 août avec un triple pro-gramme : *Les Précieuses ridicules* de Molière, *Les Boulingrin* de Courteline, et, entre les deux comé-dies qu'on ne présente plus alliant le classique et le boulevard de qualité, un drame poétique en alexandrins, *Le Retour de Lesbie*, d'un jeune auteur de 21 ans, Charles Cahier. Les revues *Comedia*, *L'Éclair*, *La Dépêche*, ainsi que la presse locale ont annoncé l'événement à grand renfort d'éloges pour ce nouvel espoir de l'art dramatique qui vient d'être couronné à l'unanimité par l'académie de Montpellier. L'intrigue est poignante, datée du Ier siècle avant Jésus-Christ : à l'article de la mort, le poète latin Catulle attend le retour de Lesbie, une courtisane dont il est amoureux, tandis que la jeune et douce Myrrha, confidente de Lesbie, tente désespérément de le retenir à la vie. Triste fin : Catulle meurt, Lesbie est déchirée par le remords, Myrrha se suicide de chagrin. Les artistes qui doivent interpréter l'œuvre de Charles Cahier sont bien connus dans la région, et on s'attend à la révélation de Madame Ryalla dans le rôle de la confidente au grand cœur. Les jugements de la presse confirmeront le succès remporté devant une salle comble d'esprits distingués par cette première œuvre. De nombreux rappels témoignent de la satisfaction du public et les applaudissements redoublent quand Charles Cahier monte sur scène et répond à « l'indescriptible ovation des spectateurs, jeune, heureux, ému comme couronné de gloire et les bras chargés de fleurs », comme le rapporte une admiratrice éperdue, ainsi que plusieurs lettres de félicitations adressées au jeune auteur prodige. Voilà ce qui reste d'une soirée très réussie au théâtre du casino de Lamalou-les-Bains il y a plus d'un siècle. Pas grand-chose en vérité, le passage du temps a fait son œuvre.

La petite et riante cité thermale de Lamalou-les-Bains sur les contreforts des Cévennes jouit alors d'une notoriété enviable. Ses eaux minérales ferrugineuses et bienfaisantes y ont soigné les rhumatismes de plusieurs célébrités : Alphonse XII et une kyrielle d'infants d'Espagne, Alphonse Daudet, l'adolescent André Gide, le bey de Tunis dont le harem a fait sensation, des millionnaires sud-américains. Le climat méditerranéen est adouci par l'altitude. Hôtel des Bains, hôtel Bellevue, hôtel des Thermes, parc Anglais, églises anciennes et curiosités naturelles pour les amateurs, promenades à âne, Montpellier à une heure de train. Au début du siècle, malgré des aménagements modernes, l'activité s'endort quand même un peu à cause de la concurrence des grandes villes thermales comme Vichy ou Évian. Le public enthousiaste et choisi du gala triomphal est surtout constitué de curistes en provenance des colonies et de bourgeois de Montpellier et de Béziers.

Le théâtre du casino est une belle salle à l'italienne, mais la direction n'a pas les moyens d'avancer les frais d'une représentation. Il est exclu que Charles ait recours à une aide de sa famille, même s'il dédie « cette œuvre de jeunesse à mon père qui m'a donné le goût des belles lettres ». Prudence pour amadouer le tyran ou reste de piété filiale : Charles est encore capable de pardonner. Or le jeune poète revit à Montpellier une aventure amoureuse comparable à celle qu'il a connue à Aix avec « la jolie femme de trente ans ». Il n'en parle pas dans le carnet retrouvé mais il semble bien qu'il s'agisse de « la comtesse d'Arfanières », apparentée à un sculpteur de renom, disciple de Falguière, et appartenant à une vieille famille de la noblesse languedocienne. Divorcée d'un officier, ce qui est rare dans son milieu et explique qu'elle ne soit pas reçue à l'enclos Laffoux, c'est une femme indépendante et volontaire qui n'a pas froid aux yeux, se moque du qu'en-dira-t-on et mène grand train à Montpellier et au château de Lunel, où elle élève ses deux enfants, selon des principes modernes de pédagogie américaine. Charles l'a rencontrée dans un salon de thé à Palavas et, malgré la différence d'âge, la comtesse s'est éprise avec feu de cet Apollon des plages au caractère fougueux et romantique qui sait se montrer infatigable dans certaines circonstances et qui la harcèle de lettres et de poèmes qu'elle a du mal à comprendre. Mais il semblerait aussi que Charles ne soit pas le seul à profiter des faveurs de l'ardente comtesse qui est entourée de soupirants. Leur relation est passionnée, ils se quittent, se reprennent, se quittent à nouveau, se reprennent encore. Au fond, Charles n'est pas vraiment amoureux mais il supporte mal les écarts et les accès de jalousie de sa maîtresse. Il n'est pas impossible qu'il se soit inspiré d'elle pour imaginer le personnage de Lesbie, la courtisane inconstante et repentante. « Je sens que je suis prêt à tout lui pardonner, trop de choses ici me font souvenir d'elle et gardent le parfum de la femme infidèle. »

Mais aussi : « La douleur d'un amant qu'on trompe est ridicule et ne saurait reprendre un cœur qui n'aime plus. » Enfin, sans manifester trop d'amour-propre ni faire de manières, compte tenu des circonstances, Charles accepte que la comtesse délie les cordons de sa bourse pour financer la représentation. De la part de sa bienfaitrice, c'est un cadeau d'adieu très élégant. Elle a décidé en effet de rompre une relation sans avenir et de faire une fin en se remariant avec un riche armateur de Marseille. Elle disparaît, il ne la reverra plus.

Parmi tous les éloges pieusement rassemblés après la guerre par sa sœur Mercedes quand l'oubli menaçait d'ensevelir définitivement *Le Retour de Lesbie* et sa réception triomphale à Lamalou-les-Bains, la référence d'un nouveau « Alfred de Musset » appliquée à Charles revient à plusieurs reprises. Nostalgie d'un amour perdu, ombre de la mort libératrice qui s'étend, perfection formelle des alexandrins. Aujourd'hui, il faudrait plus chercher dans le vaste répertoire des poèmes dramatiques à connotations antiques qui faisaient florès à cette époque et dont Heredia était le parangon universellement admiré. On versifiait beaucoup en ce temps-là, à tort et à travers parmi une jeunesse impatiente. Pour un poète qui aimait Baudelaire, Rimbaud, Verlaine et qui admirait Mallarmé, on ne peut que regretter qu'il se soit livré à un exercice si peu novateur. Résultat d'une éducation corsetée, influence d'un milieu sans réelle ambition culturelle, désir récurrent d'être accepté malgré tout et de se concilier les suffrages de sa mère. Le culte des humanités classiques était la règle pour la plupart des bons élèves et Dieu sait si Charles s'était révélé un bon élève dans les disciplines qui l'intéressaient. Il venait d'obtenir sa licence de lettres classiques et préparait une agrégation de grec ancien. Il baignait aussi dans la nostalgie des études savantes interrompues à l'École des chartes et il était bien décidé à les reprendre. Le titre de la pièce est révélateur d'une incapacité à trouver une forme qui rendrait compte des désarrois d'un tout jeune homme révolté, recru d'amertume et pas loin de rompre avec sa famille. Un séducteur à peine conscient du charme qu'il exerce et qui a cependant une certaine expérience des aventures amoureuses, exigeantes, insistantes et finalement décevantes. Le personnage de Catulle dans la pièce c'est lui, mais comme une défroque abandonnée dans un grenier. On dira à juste titre de la pièce que c'est bien une œuvre de jeunesse qui emprunte à des formes désuètes et perd ainsi à peu près tout de la rigueur qui l'a inspirée.

Le sens s'est évanoui. Un parfum de 1900 qui s'est fané dans le théâtre d'une petite ville d'eau en train de s'endormir. On peut se demander, par jeu,

ce que donnerait la pièce si on la reprenait
aujourd'hui. Il faudrait un metteur en scène sacré-
ment iconoclaste et inventif pour lui redonner une
nouvelle jeunesse et intéresser un public suffisamment avisé. Michel Fau n'y parviendrait pas
sans doute.

Quand s'éteignent les feux de la rampe et que
le souffle du succès s'évapore, Charles se retrouve
seul. Ce n'est pas une nouveauté. Il l'a toujours été
durant toutes les répétitions. Aucun de ses proches
n'est venu de Montpellier pour le soutenir et
l'encourager et pas un membre de sa famille n'a
assisté à la première triomphale. Même le fidèle
Eugène a prétexté des sacro-saintes vacances au
Touquet avec sa mère pour se faire excuser. Charles
a dessiné et peint les décors tout seul, et de même
pour régler les lumières et les costumes, il a choisi
les artistes parmi la troupe de la Comédie de
Montpellier tout seul, il a assuré la mise en scène
et les répétitions tout seul encore. Or il n'a aucune
expérience pour le placement, les mouvements et
la direction des comédiens. Ce sont des acteurs
chevronnés sans doute, mais ils sont habitués à
faire de grands gestes et à porter la voix sur des
scènes de province. Ils n'ont aucune intention de
se laisser commander par un gamin sans expérience
du théâtre. Seule Madame Ryalla, la petite nouvelle, se montre docile, tandis que c'est un combat

permanent avec les autres pour qu'ils disent leurs alexandrins en douceur, sans porte-voix ni effets de scène lourdement appuyés. Quand ils savent leur texte, ce qui n'est pas toujours le cas, Charles ne leur laisse rien passer, il bondit sur scène depuis le trou du souffleur pour les remettre sur le bon chemin. L'atmosphère est souvent pesante entre les cabots qui se froissent facilement et le jeune auteur qui ne peut courir le risque de les voir lui fausser compagnie. Le soir, encore tout seul dans sa petite chambre de l'hôtel Bellevue, Charles passe et repasse sur son texte surchargé de notes et de commentaires pour la répétition du lendemain. Le directeur du théâtre est ému par son ardeur et sa jeunesse. Il l'invite de temps à autre à partager un modeste repas avec sa femme. C'est gentil et familial, mais le directeur est un habitué des mises en scène claironnantes traditionnelles et il a du mal à comprendre les exigences de Charles, les raisons de ses conflits avec les acteurs. « Une pièce se joue pour les spectateurs du balcon, il faut qu'ils entendent bien, ils ne comprennent plus rien quand on murmure. » Charles s'obstine doucement : « Nous ne sommes pas à l'Alcazar de Marseille. » Le directeur n'insiste pas, il pense qu'on sacrera la soirée avec *Les Boulingrin*.

Et pourtant, il y a quand même quelques beaux instants dans *Le Retour de Lesbie*. Premiers essais d'un talent qui ne demande qu'à se déployer lorsque Charles va au plus près de ses émotions personnelles et que les alexandrins qu'il compose avec tant de brio transcrivent justement ses sentiments. À 22 ans, Charles est encore partagé entre son attirance pour des jeunes filles innocentes et les plaisirs que lui procurent des femmes plus averties. Mais les premières ignorent la qualité de l'amour qu'il leur propose et sont des traîtresses en devenir et les secondes pensent surtout à leurs plaisirs et aux dissipations de leurs vies. Les laiderons n'ont aucune chance malgré leur pureté et leur gentillesse. Charles cherche une issue par des élans spiritualistes exaltés auxquels il ne croit plus. Ce n'est pas la bonne solution, il est enfermé dans une cage dont il ne sortira plus. Trop jeune encore, trop engagé dans un autre combat, la lutte infernale pour assurer son avenir. Catulle :

> « Le passé dans mon cœur ne s'est pas endormi,
> Il est encore vivace et m'étreint comme un lierre.
> Pareils à des oiseaux captifs dans leur volière
> Tous mes chers souvenirs se révoltent en moi
> Et ne pourront s'enfuir qu'en me brisant. »

Ses poèmes sont ceux d'un prisonnier qui se débat. Le retour à l'enclos Laffoux a un goût de cendres pour Charles. Le succès est une consolation éphémère, il ne subsiste rien de la représentation triomphale du 1ᵉʳ août. Juste quelques coupures de presse et des fascicules de programme que Charles garde comme des reliques. Mais qui pourrait s'intéresser désormais à ces modestes souvenirs ? La solitude qu'il a endurée était supportable avant que le rideau ne se lève. Il la ressent maintenant avec un profond sentiment d'amertume. Une injustice de plus. Il reproche à sa mère, sans l'avouer, de ne pas être venue le soutenir à Lamalou, depuis Montpellier, une heure de train ! Il n'y a plus rien à faire à Lamalou où les curistes se traînent comme des insectes vers l'établissement thermal. Le théâtre est retourné à sa vocation première, un cycle d'opérettes animées par des amateurs. Le décor a été démonté et le directeur l'a emporté dans les coulisses. Ça pourra toujours servir. Les comédiens se sont dispersés, la petite Ryalla s'en est allée de son côté pour retrouver un fiancé dont elle avait caché l'existence à Charles. À la maison, le médecin inspecteur principal se désintéresse ostensiblement des succès littéraires de son fils, la mère de Charles renonce à ouvrir une nouvelle offensive pour le défendre, Mercedes et ses deux frères sont trop jeunes ou ne sont pas de taille pour apaiser un peu la déception de se savoir une fois de plus si mal compris. Il lui reste un peu d'argent sur les libéralités de la comtesse, c'est encore l'été, Charles s'enfuit de Montpellier pour retrouver des forces qui lui manquent. Il a réussi à persuader le fidèle Eugène de le suivre.

Santo-Pietro-di-Tenda est un village perdu au pied du cap Corse, maisons en pierre et toits en lauzes, pas très loin de Bastia. C'est peut-être une manière plus ou moins consciente de retrouver sa mère. Elle évoque souvent le Bastia d'avant son mariage avec le médecin inspecteur d'une voix qui tremble. Elle y a été heureuse autant qu'il lui est possible de l'être. Les deux amis ont décidé de découvrir la Balagne et le désert des Agriates en faisant du camping en pleine nature. Le pays est pauvre, on se ravitaille dans des hameaux avec l'ordinaire ascétique des quelques habitants qui vendent à prix d'or des oignons, des parts de fromage, des quarts d'huile d'olive. L'endroit est généralement désert, des paysages de toute beauté ouvrent sur la mer, on croise des cochons sauvages et des vaches qui paraissent abandonnées et ne le sont pas, des oiseaux aux plumages magnifiques. Au bas du village, de grandes plages où personne ne passe incitent à se baigner au soir pour se laver et se rafraîchir après les expéditions dans les maquis et les bois d'oliviers. Charles nage au milieu des vagues, en ayant laissé ses vêtements sur le sable. Eugène monte la garde, on lui a raconté des histoires sur les bandits corses et il n'est pas rassuré

non plus par la mer. Charles retrouve peu à peu
son entrain et noircit à nouveau les pages de ses
petits carnets. Eugène est calme, Sancho Panza
enjoué, serviteur dévoué de son Don Quichotte
dont il peine à percer les tourments et les rêves.
C'est une répartition des rôles à laquelle ils sont
habitués. Mais tout se dégrade brusquement une
certaine nuit d'orage qui emporte la tente. Les
deux amis se réfugient dans un « pailler », l'une de
ces cabanes en pierre où les bergers s'abritent
quand ils sont surpris par le mauvais temps. Les
éléments se déchaînent de plus belle comme il
arrive parfois en Méditerranée au début de
l'automne, le « pailler » est plongé dans l'obscurité
malgré la flamme tremblotante d'une bougie, il ne
s'éclaire qu'à coups d'éclairs qui jettent une
lumière électrique sur le visage cadavérique
d'Eugène pris de panique. La situation amuse
plutôt Charles qui raconte des histoires de maisons
foudroyées et de victimes carbonisées, mais ce
genre de forfanteries ne fait qu'augmenter l'épou-
vante de son ami. Eugène, en proie à une véritable
crise de nerfs, supplie Charles de le prendre dans
ses bras comme un enfant appellerait sa mère.
Charles fait ce que son ami lui demande, mais le
petit garçon apeuré se livre alors à de grandes
déclarations passionnées qu'il avait sans doute gardées longtemps pour lui-même. Comme s'ils

étaient condamnés l'un et l'autre à disparaître au milieu des éclairs et des grondements furieux du tonnerre. Tout y passe, le souvenir heureux des jeux dans le parc de Versailles, les conversations de la forêt de Saint-Germain, les poèmes échangés, l'admiration éperdue pour la beauté de Charles. L'histoire d'un grand amour secret, longtemps réprimé et délivré par la terreur d'une mort imminente. Charles le tient ainsi serré jusqu'à l'aube et lui parle doucement pour le calmer tandis que l'autre pleure convulsivement. Finalement l'orage s'éloigne et Eugène s'endort en emportant son chagrin. À l'aube, sous une pluie battante, ils décident de mettre fin à leur aventure. Charles essaie en vain de dérider son ami mais Eugène ne parle plus, comme frappé de stupeur, écrasé par la honte de ses aveux, le merveilleux cauchemar de ce qui aurait pu se passer durant la nuit d'orage et qui n'est pas advenu. Ils se quittent en silence sur le port de Bastia, Charles veut rester encore un peu plus en Corse. Ils se retrouveront brièvement sur le front d'Orient où tout le passé leur paraîtra irrémédiablement perdu. Une tache noire qu'on ne peut ni contourner, ni effacer, ni évoquer.

À Santo-Pietro-di-Tenda, Charles s'est montré compréhensif et bon, infiniment secourable, mais la détresse d'Eugène l'a touché bien plus qu'il n'est prêt à l'admettre.

« Je ne veux pas revoir les maquis des montagnes
J'ai peur d'être repris par les parfums de Corse
J'ai peur que le soleil ne réveille par force
Une douleur qui dort !

Je ne veux pas revoir les oliviers sauvages
J'ai peur qu'en chaque site un spectre ne se dresse
Et que tout le passé défunt ne m'apparaisse
Je pourrais retrouver mes hymnes de tendresse
Et je ne le veux pas ! »

L'année qui suit, jusqu'à la guerre, est encore faite d'incertitudes et d'indécision. Il l'aborde dans un état de mélancolie extrême :

« J'ai peur du bruit que fait mon pas sur une feuille,
Comme si je marchais dans la chambre d'un mort. »

On comprendra que ses bonnes résolutions passées aient du mal à résister, il se sent plus seul que jamais, et il en veut toujours à sa mère de ne pas être venue le soutenir à Lamalou, jusqu'à lui reprocher de ne pas l'avoir tué à la naissance !

« Le jour triste où se sont ouverts mes yeux d'enfant,
En les voyant rêveurs et tendres ô ma mère,
Que n'as-tu deviné leur destinée amère,
Et prouvé ton amour profond en m'étouffant ? »

L'étau sur lequel appuie son père a fini par se refermer : Charles est reçu au concours de Saint-Cyr qu'il a pourtant tout fait pour saboter. Il n'a pu s'empêcher d'éblouir ses examinateurs à l'oral par un exposé sur les guerres du Péloponnèse, faisant oublier ses faiblesses en mathématiques. La position éminente du médecin inspecteur et de discrètes interventions du colonel Grossetti ont aussi fait certainement pencher la balance en sa faveur. Il obtient encore un ultime sursis de l'École des chartes qui devrait lui permettre de se plier au plan machiavélique de son père : « D'abord Saint-Cyr, ensuite tu feras ce que tu voudras. » Toutes ses résolutions pour résister à son père ont été balayées et il sait bien qu'il ne va pas pouvoir échapper à son mauvais sort. Il tente pourtant de se dérober une fois de plus devant l'obstacle, en obtenant un sursis d'incorporation d'une année sous le prétexte, véridique, qu'il prépare une agrégation de grec ancien. Son père hausse les épaules mais Charles est bel et bien ferré même s'il est devenu un champion incontesté des sursis. La loi portant le service militaire à trois ans a été votée. La France a besoin de soldats face à la menace allemande et Saint-Cyr n'aura pas la patience de l'École des chartes. Autant d'impasses dont Charles ne pourra pas s'échapper. La poésie, ses petits carnets l'aident malgré tout à supporter l'ambiance oppressante qui règne à l'enclos Laffoux. Le charme des allées ombragées, la tranquillité du domaine, le silence nocturne lui permettent d'échapper à la férule de son père.

« Ma fenêtre est ouverte au vent calme du soir
L'âme de la nature est entrée dans ma chambre. »

La poésie plus que jamais est son refuge que personne ne peut violer. Entre des évocations tristes et désenchantées, il y règne une douceur qui n'appartient qu'à lui et qu'on ne lui retire pas.

« Je voudrais découvrir des mots,
Plus rêveurs qu'un regard d'étoile ;
Enlacés comme des rameaux
Et diaphanes comme un voile,
Des mots gais comme un nid de merles
Et mouillés comme un vent d'avril,
Qui fait tomber de fines perles,
Après la fonte du grésil ;
Des mots bleus et mélancoliques
Comme la lune sur les flots
Et poignants comme les sanglots
D'un chœur de violons tragiques.
Des mots ardents, désespérés,
Et fous comme un adieu suprême,
Des mots sanglants et torturés,
Comme un cœur blessé lorsqu'il aime.

Alors je trouverai l'accent
Que berce l'âme et qui la touche,
Et mes rêves en frémissant,
Vous baiseraient mieux que ma douce. »

Dans les notes qu'il a laissées, Frédéric Mitterrand avait prévu un paragraphe pour présenter le person-nage du caporal Louis que Charles rencontra sur le front d'Orient. Il fut séduit par l'intelligence et l'humanité de ce républicain également catholique. C'est lui désormais qui raconte.

Le service religieux pour les obsèques du sous-lieutenant Charles Cahier est prévu pour le dimanche 9 courant en l'église Notre-Dame-du-Travail, sa paroisse. J'avais été sous ses ordres sur le front d'Orient durant plusieurs mois jusqu'à sa mort. Elle est survenue le 3 septembre 1917 à l'assaut du Bratin Dol près de Monastir en Macédoine. Six ans plus tard, sa famille vient de récupérer sa dépouille au terme de démarches éprouvantes. Je vais enfin connaître ses parents, son père, l'inspecteur général de la santé militaire Léon Cahier, commandeur de la Légion d'honneur, et sa mère Marie-Louise née Godet de Mondesert. Ainsi que ses frères, sa sœur et une nombreuse parentèle. Il est marqué sur le faire-part « on se réunira au 2 rue Boyer-Barret ». Cette rue du quatorzième arrondissement ne m'est pas inconnue. Elle abritait en effet une modeste salle de cinéma où je m'étais rendu après la guerre, dans le cadre de mes activités syndicales, pour un meeting en appui et une grève ouvrière qui suscitait une grande agitation. Il s'agissait d'une voie rectiligne et point trop étroite, bornée par des immeubles un peu différents les uns des autres et d'assez bonne facture, construits dans le style du siècle dernier par un propriétaire unique lui ayant donné son nom. Gaz à tous les étages et chambres de bonnes au sixième par l'escalier. Elle ouvrait d'un côté sur la rue de Vanves et s'achevait à l'autre bout par un entassement d'ateliers et de remises en planches. Elle tranchait ainsi par son aspect petit-bourgeois avec le reste du quartier plutôt misérable, habité par d'anciens paysans auvergnats ou bretons attirés par le mirage de la grande ville et jetés pêle-mêle sur le pavé depuis la gare Montparnasse. Certains avaient trouvé à s'employer à l'usine Breguet toute proche. On trouvait aussi parmi les ruelles avoisinantes quelques artistes traîne-misère dans des baraques en torchis, des apaches en meublés plus ou moins surveillés par la police, une tourbe d'étrangers mal identifiés à l'instar du camarade Lénine qui y avait vécu avant la révolution. Beaucoup de cafés comme des assommoirs, des bagarres le soir, pas de métro ni d'autobus. Ainsi la rue Boyer-Barret, où s'était replié le ménage Cahier avec ses enfants devenus grands, cramponné à son statut social incertain, cerné par un prolétariat hostile et des pauvres inquiétants, était sans doute la moins mauvaise solution pour joindre les deux bouts avec une chiche retraite militaire. Mais c'était triste et sombre au vent d'hiver s'engouffrant dans des remugles de gêne, d'avenir fermé et de lutte des classes. Si loin des beaux quartiers et d'un train de vie distingué et encore plus loin de Bratin Dol, faubourg de Monastir, une cité inconnue qui leur avait pris Charles et dont le nom même changerait après la victoire des Alliés et son annexion par la Serbie.

Sur le faire-part, après la référence au grade de la Légion d'honneur du sous-lieutenant Charles Cahier tombé pour la France, on pouvait lire la mention manuscrite « Ancien élève de l'École des chartes ». Je reconnaissais l'écriture très lisible de la mère de mon camarade que j'avais aperçue à plusieurs reprises sur les enveloppes distribuées par le vaguemestre dans la tranchée, et ce rajout peu conforme aux usages me paraissait bien émouvant. C'était une ultime preuve de l'admiration et de l'amour qu'elle avait toujours porté à son fils. Elle était sans doute la seule de la famille, ou du moins la première, à avoir pris vraiment la mesure de son talent, à l'avoir soutenu dans ses choix en partageant sa solitude, comme elle était l'âme de la vénération que l'on devait à celui qui serait bien pour elle ce penseur brillant et ce poète remarquable, qui avait obstinément refusé la carrière militaire à laquelle le destinait son père, avant d'être rattrapé par la guerre, accomplie bravement par devoir mais avec la rage au cœur. J'y voyais aussi un des traits marquants du caractère énergique et résolu de celle qui avait sans doute déplacé des montagnes en harcelant son mari et la bureaucratie de l'armée, pour arracher son fils inhumé dans un cimetière perdu, en terre étrangère parmi les tombes de ses camarades inconnus, des tirailleurs sénégalais, des guerriers marocains et des servants annamites.

À Monastir, la pensée de nos familles ne nous quittait pas. Nous évoquions souvent leur sort et leur vie à l'arrière dont nous ne savions pas grand-chose en vérité à cause de la censure aux armées. On se faisait toutes sortes d'idées, et avec la séparation inattendue et tellement brutale infligée par la guerre, on ressassait aussi beaucoup de souvenirs bons ou mauvais. C'était tout le monde d'ailleurs qui n'avait pas de rapports avec le nôtre. Et puis on avait bien conscience que la rupture serait peut-être pour toujours, puisque nous risquions à chaque instant d'être démolis physiquement ou de basculer dans le néant si l'on nous donnait l'ordre de se lancer à l'assaut de l'ennemi et de ses mitrailleuses, si l'une de ces maudites « marmites » dont nous bombardaient les

Bulgares parvenait à nous tuer. Dans la boue, le froid, l'incertitude permanente des ordres contradictoires du commandement, soumis au vacarme assourdissant de la guerre, à la fois épuisés et bien réveillés entre la peur et l'ennui, nous nous accrochions Charles et moi à ces conversations. Nous y partagions l'amitié et la confiance qui nous avaient rapprochés pour essayer de supporter notre détresse. Il recevait cependant beaucoup de lettres. De ses frères, également sous les drapeaux mais apparemment moins exposés, ce qui ne diminuait pas son inquiétude, et de sa mère surtout qui lui écrivait constamment. Il lui répondait presque chaque jour, au crayon et sur les petites cartes jaunes de la correspondance militaire. Honneur aux vaguemestres qui assuraient la distribution du courrier dans des conditions infernales ! En revanche, il ne recevait pas beaucoup de nouvelles de son père et ne lui en donnait pas non plus, mais je n'osais pas lui poser de questions à ce sujet, je sentais bien qu'il y avait là une douleur mal éteinte. Entre l'ardeur de sa mère, les mots d'affection de ses frères, le mutisme de son père, je comparais ce que je devinais de la vie tourmentée de sa famille avec la placidité de la mienne. Une question de milieu peut-être, mais il n'y avait pas que cela pour expliquer la différence même si je ne m'aventurais pas à faire état de mes réflexions auprès de mon camarade.

Ma chère femme et mes parents ne se manifes-
taient pas plus d'une fois par semaine. Ils
confiaient au secrétaire de la mairie de notre village
le soin de m'écrire en leur nom, faute de savoir
trouver par eux-mêmes les mots justes pour exprimer leurs sentiments. Et Dieu sait s'ils en avaient
des sentiments avec toute cette guerre qui n'en
finissait pas, pour moi le mari, le fils qui leur manquait ! De simples métayers du Languedoc presque
illettrés, s'échinant sur un arpent de terre infertile
mais près de la nature et au rythme des saisons,
pauvrement et paisiblement, dépourvus d'appuis et
de liens, mais sans vices et sans disputes, d'humeur
tranquille et même souvent joyeuse malgré toute
la dureté de leur existence. Ils m'avaient élevé
comme ils l'avaient pu, solidement et avec chaleur,
en m'inculquant fermement les bons principes de
l'honnêteté, du respect de l'école, de la République
et de la religion qu'ils pratiquaient sans se poser de
questions. De vraies vignettes sur la famille méritante comme on nous en distribuait avec les bons
points à la communale. J'étais enfant unique, un
phénomène assez rare dans notre condition et qui
s'expliquait par les circonstances de leur mariage.
Ils s'étaient épousés tard, mon père parce qu'il était
resté longtemps à s'occuper de ses vieux parents
après le départ de ses frères et sœurs, ma mère
parce qu'elle était veuve d'un mari violent et porté

sur la boisson à qui elle avait donné deux filles mortes en bas âge. Ils n'avaient certainement pas été très heureux avant d'unir leurs destins bien cabossés, puis ils avaient eu la chance de se rencontrer et ma venue avait encore contribué à éclairer leur existence. Ils n'en demandaient pas plus. Voilà, des gens de peu et bien estimables, comme il y en avait tant et j'avais le cœur plein de reconnaissance pour ce qu'ils m'avaient donné. Mon épouse leur ressemblait. Orpheline et recueillie par sa grand-mère qui ne savait ni lire ni écrire et ne parlait qu'en patois, elle avait travaillé à la ferme plutôt que de fréquenter assidûment la communale. Mais la grand-mère avait été gentille avec elle et c'était sans doute une femme intelligente et juste qui avait su lui montrer le bon chemin. Fraîche et douce, d'un caractère égal et droit, aimant la vie conjugale sans pudeurs excessives, désireuse d'apprendre auprès d'un mari artisan, qui lisait les journaux, ma femme était une bonne mère pour nos trois jeunes enfants, attentive à me donner en exemple pour leur éducation. Elle priait chaque soir le Bon Dieu pour qu'il me rende à elle quand la guerre serait finie, venant d'un cœur si pur j'en oubliais presque que j'étais socialiste.

Il y avait eu une faille dans l'éducation très sérieuse et soignée du sous-lieutenant Cahier, mais il répugnait à me la dévoiler, par pudeur et par sens de l'honneur. En avait-il seulement conscience au point de pouvoir s'en délivrer ? C'était un homme habité par des regrets qu'il ne triait pas. Il m'a fallu beaucoup de temps et de recoupements au hasard après sa mort, pour me figurer à peu près ce que furent son enfance et sa jeunesse avant de me connaître. « Tout est dans mes poèmes », me disait-il, mais je ne comprenais pas grand-chose à ceux qu'il m'avait laissé lire et je me défaussais en invoquant le mince bagage de mon certificat d'études obtenu à grand-peine. « Je suis un ami des tombeaux, mais des tombeaux qu'on abandonne, qu'importe qu'ils ne soient pas beaux, sur eux ne vient prier personne » et aussi « Si nous pouvions voir les pensées de ceux que nous aimons le plus comme nos croyances blessées maudiraient-ils ces tristes élus ? Ah ! Pourquoi n'emportent-ils pas tous les vieux souvenirs qui pleurent au fond des âmes d'ici-bas ». Et si j'étais touché par les sentiments et la tristesse diffuse que ses vers exprimaient, je n'osais pas lui demander de me les expliquer un peu plus. « Allons, Louis, vous savez plus de choses que moi pour bien conduire sa vie », me disait-il quand j'étalais mes faiblesses, et il ajoutait : « Un tonnelier au fin fond de sa province peut se révéler bien plus perspicace qu'un ancien élève de l'École des chartes. Être fort en latin ou en grec ancien n'est pas une preuve d'intelligence, ce qui compte c'est la droiture

du comportement, la générosité du cœur et la curiosité de l'esprit. » Il répétait souvent cette phrase pour
me réconforter et me manifester son affection,
c'était devenu une formule rituelle entre nous et elle
nous faisait rire. Nous avions pourtant des disputes.
J'avais forgé mon opinion en 1907, durant la grande
révolte des vignerons de l'Hérault quand Clemenceau, un vrai dictateur en habit de président du
Conseil, avait fait tirer sur la foule. Cette année-là,
il habitait avec sa famille à Montpellier où son père
était en garnison, et bien qu'il fût alors trop jeune
à 16 ans pour participer à la répression sanglante
des émeutiers, il appartenait bien sûr à l'autre camp.
Celui de l'ordre et de l'écrasement des travailleurs.
Sous bien des aspects, des années plus tard, jusqu'au
temps de Monastir, il était toujours prisonnier de
certains préjugés de sa caste. Zola, Dreyfus, Jaurès,
les francs-maçons et les Juifs, l'Action française, les
sujets de désaccords ne nous manquaient pas. Mais
au fond cela n'avait pas tant d'importance au regard
de l'effroyable épreuve que nous traversions
ensemble, nos différends n'étaient jamais graves et
on se réconciliait très vite.

C'était bien lui qui avait fait les premiers pas
pour venir à moi, pour me parler et m'écouter. La
hiérarchie n'avait pas compté. Il était alors mon
supérieur, un officier aux citations élogieuses, un

jeune homme d'une culture et d'une noblesse de
sentiments comme je n'en avais pas rencontré
avant lui, quand je n'étais qu'un petit caporal à
peine sorti de sa campagne, plein de rancœur et
avec de la merde encore à ses souliers. Je l'aimais,
j'avais vu tant de morts autour de moi depuis trois
ans que je n'y prêtais plus guère d'attention, mais
lorsqu'il m'a dit, à l'agonie et les jambes fracassées
par un obus, au soir du 3 septembre 1917, « Je
meurs, Louis, pour la patrie, vaste blague, consolez
maman ! », j'ai eu tant de chagrin et j'ai senti aussitôt que jamais rien ne pourrait l'apaiser.

Je me souviens très bien de ce triste dimanche
de 1923 qui a rajouté une pelotée d'amertume à
ma peine. « Ah c'est vous le communiste ! Vous
n'êtes pas sans savoir que cette maison n'est pas
faite pour vous ! » me dit d'emblée le père de Charles sans me tendre la main quand je pénètre dans
l'appartement du 2 rue Boyer-Barret, où s'est ras-
semblée la famille. Je crois entendre encore
aujourd'hui le ton sarcastique et cassant qui lui
avait valu tant d'ennuis lors de ses inspections dans
les hôpitaux de l'armée durant la guerre. Cet
accueil réfrigérant ne m'a pas surpris. Depuis la

mort de mon camarade et de ce que l'on s'obstine à appeler la victoire, j'ai eu tout loisir de me renseigner sur le compte du médecin inspecteur principal. Un praticien de valeur, auteur de traités reconnus sur la réduction des fractures, et dont les compétences lui ont valu d'être admis dans les hautes sphères de la santé militaire, parmi ses collègues gradés et agrégés de médecine. Avant même le déclenchement des hostilités. Un bel homme aussi, fin, lettré, spirituel, qui a su se faire apprécier pour l'humour de ses mots cruels et le charme de sa personnalité originale dans les réunions de corps d'armée où ces messieurs à trois étoiles qui ne crachaient pas sur des plaisanteries un peu lestes pour détendre l'atmosphère appréciaient ses expertises et ne lui ont pas marchandé leur confiance et leur soutien. Enfin pas très longtemps, jusqu'à la découverte des travers de son caractère insupportable, au fur et à mesure de la multiplication de ses missions d'inspection et de la vague montante des effroyables blessures infligées par la guerre à nos soldats. Un officier supérieur de haute tenue certes, mais excessivement dur, cynique, sans humanité, sujet à des accès de colère furieuse, implacable jusqu'à la déraison dans son combat obsessionnel contre tous ceux qu'il incriminait d'être des « tire-au-flanc de la bonne blessure », celle qui permettrait de voir venir la fin de la guerre en restant peinard. Sa hantise lui faisait débusquer partout les planqués à renvoyer d'urgence au front dans des secteurs en première ligne où ils auraient l'honneur de se faire tuer. On rapportait qu'il débridait brusquement les plaies en s'exclamant : « Regardez ce chien qui pleure, la douleur n'est pas une maladie ! », et qu'il avait jeté par une fenêtre les béquilles d'un amputé en le traitant d'embusqué devant un alignement de lits où gisaient des mutilés épouvantés. Craint des médecins majors qui étaient sous ses ordres, détesté des infirmières traitées comme des souillons et objet d'attentions trop appuyées quand elles étaient jolies, redouté comme un démon par les blessés qui le haïssaient. Bientôt sa réputation de brute galonnée répandant la terreur était devenue tellement détestable que les plaintes et les rapports sur son comportement odieux s'étaient accumulés jusqu'au cabinet du ministre où l'on s'était résolu finalement à des décisions sévères pour lui interdire toute incartade en le versant d'office dans le cadre de réserve. Mais comme la boucherie n'en finissait pas et qu'on manquait de médecins, ces mesures avaient été finalement rapportées après que sa femme et sa fille eurent obtenu d'être reçues par Alexandre Millerand en personne. Ce n'était pourtant pas un tendre, mais il s'était laissé fléchir après qu'elles eurent plaidé auprès de lui, avec un aplomb stupéfiant, l'obligation morale de mettre fin à l'injustice et au déshonneur accablant un héros de la médecine militaire. Elles avaient aligné toutes sortes de circonstances atténuantes pour sa défense en retraçant son parcours exemplaire. Né dans un milieu très modeste, à Cambrai, où sa mère dont on était sans nouvelles subissait à nouveau les privations et les méfaits de l'occupation allemande, pion dans une institution religieuse pour payer ses études et préparer ses concours, pénétré du respect de l'armée et du devoir pour chaque Français de récupérer les provinces perdues, intégré au service de santé de la garnison de Mostaganem en Algérie où il n'avait recueilli que des éloges, justement réputé pour la clarté de ses diagnostics et son dévouement durant la poursuite de sa carrière en métropole, elles avaient ainsi brossé le portrait d'un officier aux mérites éclatants éclaboussé par la jalousie et les intrigues auxquelles il ne savait répondre. Mais j'avais connu ce genre d'hommes parmi des officiers enivrés par le commandement, pétris d'orgueil et méprisant la troupe, qui déféraient en conseil de guerre au moindre manquement, quand ils ne se livraient pas à des exécutions sommaires de pauvres diables recrus de souffrance et incapables de continuer à se battre. Pourtant le retraité de l'armée au visage fermé qui se tient devant moi a été promu général, comme il sied à un inspecteur principal dont le dossier accablant ne compte plus, et une belle rosette est épinglée à son uniforme ressorti de la naphtaline. Il n'y a pas à sortir de là.

Malgré tout et quoique j'en sache, je ne peux que saluer et rectifier la position. Le militant du congrès de Tours que j'étais il y a quelques mois a toujours le réflexe de respecter la discipline militaire. Préciser que je me suis rallié à la motion de Léon Blum serait malséant et ne servirait qu'à m'enfoncer davantage. Il y a des opinions tellement incrustées chez certains que rien ne peut les infléchir, elles resurgissent vivement en dépit des usages et des circonstances. Il me laisse passer en mangeant et je m'avance donc devant la famille pétrifiée par l'algarade mais sans doute habituée à ce genre de sortie et ne sachant quelle attitude adopter. Ils ont tous l'air de fantômes sous la lumière blafarde de la suspension, je crois deviner la présence des frères et de la sœur de Charles. Çà et là des inconnus se tiennent dans le fond du salon et sa pénombre.

« Mais enfin Léon, vous devriez réserver un meilleur accueil au caporal. Il est venu de loin pour honorer la mémoire de son camarade et partager notre deuil. » Cette voix ferme et tranchante qui déchire le silence, c'est celle de la mère de Charles assurément. Je constate aussitôt ce dont je me suis toujours douté en écoutant les rares confidences à demi-mot de Charles sur ses parents et l'étrange atmosphère pesant sur leur foyer. Ces deux-là s'affrontent depuis trente ans, les liens qui les unissent sont puissants et mystérieux, certainement émaillés de scènes violentes, mais impossibles à rompre pour toutes sortes de raisons qui tiennent à la bienséance propre à leur monde, de l'habitude et de la lassitude, mais aussi de l'intimité de la chair et de brefs éclairs de joie secrète qui attachent l'un à l'autre des êtres ardents et passionnés, chacun à leur manière. Je reconnais dans la femme tout en noir, au maintien hiératique, d'un certain âge mais encore fort belle, qui s'avance vers moi avec un sourire pâle, celle que j'avais aperçue sur une photographie qui était accrochée dans la cagna de mon camarade. Il en prenait grand soin pour la mettre toujours à l'abri de l'eau de pluie qui ruisselait dans la cagna et hors de portée des rats dévorant tout sur leur passage. Elle reprend, sur le même ton déterminé : « Ma famille et moi, nous ne saurions trop vous remercier de nous avoir rejoints aujourd'hui. Nous avons tous lu avec une indicible émotion la lettre que vous m'avez adressée et qui relatait les derniers instants de mon cher fils. » Les deux frères se rapprochent un peu, c'est une histoire qu'ils connaissent par cœur, ce pourrait être la leur, ils n'ont peut-être pas couru les mêmes risques, mais ils ont combattu courageusement eux aussi. Et puis au fond je ne sais pas, artilleur ou brancardier c'était aussi également très dangereux, constamment exposé au feu de l'ennemi. Ils veulent se tenir près de leur mère, leur sœur reste avec son père, renfrogné et à l'écart, là où il n'y a presque pas de lumière et pourtant d'autres gens dont je ne discerne pas les visages. Elle me parle à nouveau, mais la voix tremble un peu maintenant : « Ôtez-moi d'un doute qui hante mes jours et mes nuits. L'ordre d'attaque à Bratin Dol a bien été donné à 5 heures du matin, mon fils a été blessé durant l'assaut, une jambe arrachée et l'autre complètement brisée, le sang, le sang partout, c'est bien cela ? » J'acquiesce sans rien dire. Je ferme les yeux, je vois chaque instant du combat, je ne sais comment lui répondre, tout était déjà dans ma lettre. Elle continue, elle ne lâche pas prise, je suis le dernier à avoir vu son fils : « Vous l'avez ramené au péril de votre vie depuis la ligne de front ennemie qui avait donc été conquise, il était parvenu jusque-là ? » Et moi : « Oui, mais les Bulgares bombardaient leur propre ligne depuis qu'ils l'avaient perdue. Leurs morts et les nôtres étaient tous mêlés, les uns sur les autres, le sous-lieutenant Cahier quelque part au milieu, affreusement blessé mais encore conscient puisqu'il a eu la force de me parler. » Elle insiste encore : « Mais comment se fait-il que les brancardiers ne sont venus qu'à la tombée de la nuit pour l'emmener au poste de secours. Tout ce temps perdu, comment est-ce possible ? » On entend la voix exaspérée depuis le fond du salon : « Je vous l'ai dit cent fois, Marie-Louise, le terrain était impraticable pour s'emparer de cette colline, les mitrailleuses autrichiennes, le bombardement incessant des Bulgares, les trous d'obus remplis d'eau, les boyaux et les tranchées de notre côté ensevelis dans la boue, il était certainement impossible de progresser avec des brancards. »

Les fils hochent la tête en silence, elle lui répond vivement sans se retourner : « Oui, je le sais, les femmes ne comprennent rien à la guerre, vous me l'avez suffisamment répété. Mais une journée entière d'agonie dans cet enfer ! Je le revois dans mes cauchemars, inerte, couché dans la boue, son beau regard qui me cherche sans me voir, mourant pour la patrie dans ce pays inconnu dont nous n'avions jamais entendu parler. Pourquoi, mais enfin pourquoi ? » Les deux frères se regardent sans parler, ils n'ont pas la réponse, personne n'a la réponse. Le général grommelle dans son coin : « Demandez à la République, elle saura certainement vous répondre ! » Je ne veux pas le laisser nous entraîner dans ses lubies : « De toute façon c'était irrémédiable, la blessure ne laissait aucun espoir, il est décédé dans mes bras au poste de secours, comme je vous l'ai écrit dans ma lettre. »

Alors elle, tel un grand oiseau noir penché sur moi,
tout bas, comme me parlant à l'oreille : « Et même
si on avait pu le sauver, mon fils cul-de-jatte,
jamais ! Continuer à vivre amputé des deux
jambes, il ne l'aurait pas supporté, et moi non plus
d'ailleurs ! » Je suis frappé par sa véhémence dans
son chuchotement, la trivialité du terme qu'elle a
employé pour désigner le malheur de son fils, cette
manière de vouloir me faire partager une pensée
insupportable. Le général, que cette conversation
irrite de plus en plus, est toujours aussi rogue :
« Vous n'étiez plus à votre poste donc, on vous
avait donné l'ordre de rester avec votre sous-lieutenant ? Ou bien cet ordre venait de lui, malgré la
gravité de sa blessure ? Ça ne lui ressemble pas.
Étonnant pour un caporal quand le feu continue,
plutôt un cas d'insubordination caractérisée ! » Et
moi de lui répondre sur le même ton puisqu'il ne
pouvait plus rien faire pour m'envoyer en conseil
de guerre : « Oui, c'était de l'insubordination, mon
général, vous pouvez le prendre comme ça. Mais
qui aurait pu me donner un ordre pour m'interdire
de faire ce que j'avais décidé ? La plupart des
hommes avaient succombé, il n'y avait plus personne au-dessus de moi, j'étais le maître de mon
choix et je n'ai pas hésité un seul instant.
Comment l'aurais-je laissé derrière moi ? Il fallait
que j'entende ce qu'il essayait de me dire pour que

je puisse vous l'écrire, sa voix était si faible mais il parlait encore, je le tenais contre moi. Je ne devais rien oublier, il savait très bien que c'était trop tard. Pour lui, pour moi, pour tout le monde. Voulez-vous que je la relise depuis le début, cette lettre qui restera un trait d'union entre nous, que vous le vouliez ou non, mon général ? » Elle se relève et me regarde droit dans les yeux, interdite, ses fils me font un petit signe d'approbation amicale de la tête, sa fille serre le bras de son père avec un demi-soupir désolé, il reste coi, sidéré par mon insolence et peut-être parce que Charles lui manque encore plus à cet instant, à lui aussi.

Arrivent d'autres parents, le faire-part a ratissé large et plutôt du côté de la mère du sous-lieutenant Cahier. De petits aristos de province qui ne roulent pas sur l'or, gris et empruntés. La parenthèse corse de Bastia aux noms d'opérette, barbus cravatés avec des montres de gousset en or, flanqués d'épouses sévèrement corsetées, en chapeaux démodés d'avant-guerre. Et aussi quelques figures olivâtres de jeteuses de sorts et de bandits des maquis à peine dégrossis. Tout le monde se serre dans les pièces étriquées de l'appartement entre de gros meubles des Galeries Barbès, les bibelots rapportés des campagnes coloniales, quelques portraits de famille aux couleurs jaunies. La salamandre est éteinte, la pluie tape contre les fenêtres, il fait humide. On se regarde en chiens de faïence, hormis des condoléances théâtrales et des propos de circonstance sur les horreurs de la guerre et le sort tragique du jeune héros disparu. La mère de Charles les accueille sans manifester d'émotion, avec la politesse distante d'une sorte de reine exilée dans un entresol. Ça bruisse un peu plus autour du général, je saisis à la volée des bribes de phrases sur la barbarie des Boches, l'honneur de l'armée, la chienlit des politiques. Des propos de leur monde. Je ne connais évidemment personne, et on ne fait plus attention à moi. C'est aussi bien comme ça car je ne sais pas ce que je pourrais dire à tous ces gens qui me semblent bien loin de moi et qui me donnent d'ailleurs l'impression d'entretenir peu de relations, les uns vis-à-vis des autres. Ils accomplissent mornement un rite qui les concerne surtout par souci des convenances. C'est dans le brouillard des idées toutes faites qu'ils prétendent honorer la mémoire d'« un jeune poète prometteur qui est mort à la guerre » et qui ne leur ressemblait pas. Charles ne s'était pas trompé, lorsqu'il écrivait :

> « Sombres jours où l'on voit des familles en deuil,
> Prendre pour un escabeau de guerre, un noir cercueil ! »

Mais savent-ils en vérité quelque chose de Charles ? Ont-ils une notion des secrets et des désillusions de sa brève existence ? Ont-ils lu ses poèmes, des extraits de sa pièce de théâtre ? Ont-ils perçu la singularité et la profondeur de sa personnalité si particulière ? Oui, l'ont-ils connu ne serait-ce qu'un peu comme j'ai eu la chance de bien mieux le connaître ? Ou bien tout cela est-il déjà enterré dans une terre lointaine avant de l'être de nouveau en France, désormais scellé pour toujours avec les mensonges, les banalités et la vague d'une légende familiale vouée à l'oubli ?

Les frères de Charles m'ont manifesté une sympathie discrète. Ils veillent à ne pas me laisser seul. Leur sœur s'est également rapprochée. Il semble que je les intéresse. Je les avais assez bien imaginés par ce que Charles me disait d'eux. Peu de différence d'âge. Six ans de différence entre Charles l'aîné et Paul le benjamin. Au milieu, Mercedes et Fernand plus une petite fille morte à la naissance. Je ne sais pas ce qu'il faut conclure de naissances si rapprochées. La furie amoureuse des parents jusque dans leurs plaisirs partagés, leur déchirement inlassable avant une séparation des corps qui n'a rien arrangé. Une portée de chiots grandissant dans la peur bleue du père, à peine tempérée par la vigilance attentive mais impuissante de la mère. Des complicités enfantines partagées pour se protéger. Charles me parlait d'eux et jugeait les écarts de

leurs caractères avec indulgence. Ils s'étaient certainement forgé une solidarité à toute épreuve en assis-
tant aux disputes orageuses entre leurs parents,
témoins innocents et désarmés de scènes violentes,
ravageant continuellement un foyer infernal. Autant
de leçons amères qu'ils n'avaient pas demandées et
qu'ils n'avaient pu refuser. Ils ressemblent physiquement tous les trois beaucoup à leur frère disparu et
bien que je ne sois pas très porté sur ce genre de
considérations, je suis frappé par leur beauté insolente, le seul héritage qu'ils ne peuvent contester.
Élancés, le cheveu dru, les traits fins et bien dessinés,
les yeux bleus, une élégance naturelle dans la
manière de se tenir bien poliment à la fois char-
meuse et dégagée avec quelque chose aussi d'une
insaisissable impertinence. La façon de sourire et de
soutenir le regard, mais sans cette intensité étrange
et presque inquiétante qui se dégageait des attitudes
de Charles de façon imprévisible. Les garçons
plaisent certainement aux femmes, leur sœur n'a pas
l'air d'une oie blanche. Ils se sont mariés tous les
trois très vite après la guerre et la mort de Charles.
Fernand a enlevé une jolie Italienne à une bonne
famille vainement acharnée à empêcher leur union,
et Paul est le seul à être venu à Rome pour assister
à leur mariage. Il a lui-même épousé une riche héritière de Marseille, aimante et douce, qui lui permet-
tra certainement de mener leur vie à grandes guides.

Cette fois, ni d'un côté ni de l'autre, on n'a parlé de mésalliance et toute la famille a assisté à la messe. Quant à Mercedes, elle s'est unie à un ancien ami de Charles, un jeune crack de Polytechnique, Eugène, que l'on dit promis à un grand avenir. Je me fais une réflexion idiote, les hommes ne portent plus la moustache, emportée comme tant de choses avec la fin de la guerre et le désir de rattraper le temps perdu. Peut-être, en tout cas ils sont maintenant bien plus jeunes que moi. Les deux frères sont lieutenants l'un et l'autre, avec belles citations et Légion d'honneur, attachés aux forces d'occupation en Allemagne. Tout est rentré dans l'ordre et ils affectent d'être indemnes après avoir traversé les quatre années des hostilités mais je n'y crois pas. Je connais ce genre de fausse assurance et je ne doute pas qu'ils soient certainement tenaillés par la peine d'avoir perdu leur frère, par le remords indéfinissable de lui avoir survécu, interrogeant sans cesse le mystère du destin injuste qui les a épargnés. Ils savent bien que le regret de ne pas avoir pu le comprendre et de lui faire sentir qu'ils l'aimaient ne les quittera plus pour toutes les années qu'il leur reste à vivre. Et d'après ce que je devine de leurs caractères, des fragments de poèmes me reviennent en mémoire. Pour Fernand et Paul :

« Le survivant, rêveur, se penche sur la tombe,
En s'étonnant des choix mystérieux du sort,
Il respire à longs traits l'air où volait la mort. »

Et pour Mercedes, que je soupçonne de nourrir un ressentiment féroce contre tous ceux qu'elle juge coupables de la mort de son frère :

« Le malfaiteur qui frappe insulte la victime,
Pour conserver la race on choisit les meilleurs,
Les plus forts, les plus beaux, la fine fleur des braves
Les hommes de pensée et les durs travailleurs
On leur hurle "Mourez plutôt que d'être esclaves"
Les peuples à venir se rediront les noms
Et l'on fait fondre un peuple entier sous les canons. »

Ont-ils lu ces poèmes qui annonçaient ce qu'ils pensent aujourd'hui ? Je ne le sais pas et je ne le leur demande pas non plus.

Une petite vieille toute ratatinée par l'âge nous rejoint en claudiquant. Sombre et griffue comme une sorte de cancrelat, elle s'accroche à moi pour me parler. C'est la grand-mère de Cambrai, une revenante au caractère réputé indomptable, celle qui a passé toute la guerre sous la botte des Allemands retranchés derrière la ligne Hindenburg à trois lieues de la ville. J'ai du mal à imaginer que cette parque d'apparence lugubre qui dégage les effluves de la sénescence ait pu être la confidente bienveillante de mon Charles au temps de son adolescence. C'était il y a une quinzaine d'années, lorsqu'elle avait sans doute encore l'air d'une femme bien portante, souriante et soignée, trompant l'ennui de la province en se piquant d'aimer les belles lettres et les premiers poèmes de son petit-fils qu'elle accueillait pour de brèves vacances scolaires. À Cambrai Charles était tranquille : « Ma fenêtre est ouverte au vent calme du soir. » Il pouvait écrire sans que son père vienne le houspiller. La bonne entente entre l'aïeule et le poète précoce était telle qu'il signait ses textes encore ingénus du nom de jeune fille de sa grand-mère et elle en retirait certainement un sentiment de fierté. Il y a du Wiart et des Cahier plein le cimetière de Cambrai et pourtant il n'y a qu'une Wiart sur la dédicace des poèmes de sa prime jeunesse. Un souffle pourrait l'emporter mais sa voix ne tremble pas, il s'agit d'une passion que rien n'a pu altérer : « Mon petit-fils était un enfant prodige, monsieur le caporal. Je suis la première à l'avoir senti dans cette famille. C'est parce que je n'ai pas cessé de penser à lui quand je ne recevais plus de lettres durant toute l'occupation des Boches que j'ai trouvé la force de résister à toutes les horreurs qu'ils nous infligeaient. Et quand j'ai appris la nouvelle funeste de sa mort au champ d'honneur, j'ai trouvé dans son sacrifice une raison supplémentaire pour tenir bon. Il est mort pour nous, comme le Christ, pour nous racheter de nos péchés. Savez-vous que les Boches ont incendié la ville lors de leur retraite ? Ils ont mis le feu partout. Mais je le voyais survolant ce brasier maudit comme l'unique flamme d'espérance. Il était décédé depuis plusieurs mois, et toujours avec moi puisqu'il avait tout prédit. » Elle cite de mémoire avec des accents de tragédienne :

« Je suis la Germanie dit la lune sinistre,
La guerre est mon génie, Guillaume est mon ministre,
Je luis sur les tombeaux, sur les villes en flammes, sur les chairs en lambeaux,
Et j'accroche, dans les forêts de noirs cyprès,
Ma lanterne prussienne, astre des sommeils lourds. »

Elle voudrait continuer, mais ses petits-enfants, gênés par son discours, l'éloignent gentiment de moi. Elle est trop perdue dans sa récitation et trop faible pour leur résister. Elle a sans doute l'habitude d'être interrompue dans ses monologues. Comme cette vieille femme doit se sentir seule dans cet appartement sinistre où même les ombres ne lui appartiennent plus, entre son fils général qu'elle n'a pas l'air d'aimer et sa belle-fille qui s'est érigée en gardienne de la mémoire ! On peut aimer un être disparu désespérément et vouloir garder son souvenir pour soi seul. Il doit y avoir beaucoup de paroles qu'on ne prononce plus et d'arrière-pensées enfermées à double tour dans la prison de leur chagrin. Mais il se fait tard, on s'agite maintenant dans l'assistance, des hommes en noir sont venus dire que le convoi est prêt.

*
* *

Nous avons remonté la rue de Vanves par une bruine froide, au pas lent d'un vieux cheval efflanqué tirant le corbillard. Un petit groupe d'anciens combattants portant des drapeaux escortait le cortège d'où émergeait le grand voile noir de la mère de Charles. Tout de même, cela ne manquait pas d'une certaine allure, mais les badauds nous regardaient passer avec indifférence. Les pompes funèbres d'une famille bourgeoise enterrant un militaire inconnu n'éveillaient ni curiosité ni compassion dans ce quartier de prolétaires où l'on ne pratiquait pas le culte des morts. Quand ils ne reposaient pas dans des cimetières militaires, la plupart des ouvriers tombés au combat avaient disparu dans des fosses communes loin de la France. Et puis cinq ans après la fin de la guerre, l'oubli commençait à faire son œuvre. Nous étions un dimanche, je n'y pensais plus. Des troquets étaient pleins et débordaient sur les trottoirs d'hommes à casquettes et de femmes en cheveux. Au coin de la rue Châtelain, une sorte de grosse pierreuse abîmée

par la vie chantait *Du gris*, abritée par un gamin
loqueteux qui lui tendait un parapluie. Une com-
plainte réaliste qui répondait à l'atmosphère générale. « Le coupable, je n'en sais rien, je vous le jure,
c'est le métier, la rue, le trottoir, c'est les hommes
avec leur amour. » J'entendais bien, la voix était
belle, avec l'accent faubourien, mais il fallait avancer.
Je me suis souvenu que Charles aimait les refrains
populaires et leurs interprètes, Berthe Sylva, la jeune
et jolie Pervenche dite Fréhel et d'autres dont le nom
m'échappe. Il allait les entendre au casino de Palavas
quand il était encore étudiant. Et comme je m'éton-
nais d'un goût si peu convenable pour sa famille, il
me disait : « Il y a souvent bien plus de vérité dans
ces couplets que dans les livres de Claude Farrère,
de Paul Bourget ou de Pierre Loti qu'on lisait chez
moi. Vous voyez bien que je ne suis pas prisonnier
de mon éducation ! » Et pendant que la chanteuse
de rue s'évanouissait peu à peu, je me disais qu'il
aurait été content sans doute de pouvoir s'arrêter
pour l'écouter.

En passant devant le Château ouvrier, un bâti-
ment d'assez belle apparence construit par des militants socialistes au début du siècle, j'ai remarqué
des drapeaux rouges accrochés aux rambardes et
que l'on ne décrochait sans doute jamais. Je comparais dans mon for intérieur avec la cérémonie
grandiose des funérailles nationales célébrées la

veille pour Maurice Barrès. De la Concorde à
Notre-Dame, au milieu d'une foule considérable
avec le maréchal Foch tenant l'un des cordons du
poêle, le général Gouraud, Jules Cambon,
Mgr Baudrillard et tout un gratin de ministres, de
députés et d'académiciens en uniformes, habits et
hauts-de-forme. Charles m'avait initié à l'œuvre de
Barrès qu'il admirait, et j'avais fini par reconnaître
que l'illustre écrivain nationaliste, l'ami de ce for-
cené de Déroulède, l'auteur de *La Colline inspirée*,
qui avait osé écrire » : « Que Dreyfus soit coupable
je le conclus de sa race », s'était en partie racheté à
mes yeux par son dévouement aux poilus et aux
blessés, ainsi que par un hommage inattendu et
sincère aux soldats juifs. Mais enfin l'idée du spec-
tacle d'une France fortement imprégnée de logor-
rhée maurrassienne célébrant la victoire autant que
la perte d'un de ses grands hommes me mettait mal
à l'aise en augmentant encore ma tristesse. Le poète
Charles Cahier avait vécu dans l'obscurité, le sous-
lieutenant était mort sans avoir droit à une moindre
ligne dans les publications consacrées à la Grande
Guerre, le héros cher à mon cœur retournait au
néant sans laisser d'autre trace que l'affliction d'une
poignée de fidèles défilant dans une rue froide et
sans grâce. Et les obsèques d'Apollinaire, emporté
par la grippe espagnole l'avant-veille de l'armistice,
n'offraient pas un grand motif de réconfort non

plus, la foule criant « À mort Guillaume » au passage de la dépouille du poète en confondant son prénom avec celui du Kaiser honni. Charles avait découvert Apollinaire au travers d'une publication confidentielle dans sa cagna des tranchées de Monastir et je suis certain qu'il l'aurait apprécié comme j'avais appris à l'apprécier moi-même s'il avait eu le temps de connaître un peu mieux son œuvre. Selon que vous serez puissant ou misérable, l'injustice et l'ignorance vous poursuivent jusqu'à la tombe.

Mon camarade avait perdu la foi depuis long-temps quand je l'ai connu, malgré de brèves flam-bées d'un mysticisme aussi exalté que nébuleux dans des moments de plus forte inquiétude et de désespoir. Il avait en tout cas rompu avec l'Église et ne voulait plus rien avoir à faire avec les prêtres. « Je crois en Dieu ? Mais enfin Louis, c'est impossible dans l'état où nous sommes », me disait-il d'une voix vibrante et il ajoutait : « Je crois en Bach et en Mozart, aux cathédrales, aux mystiques espagnols, à tout ce que vous voulez, à ceux qui ont fait une belle œuvre en glorifiant leur religion, à ceux qui se sont sacrifiés pour le bien comme Edith Cavell et même aux âmes simples et pures, mais le péché, la confession, les curés, tout le saint-frus-quin catholique, ce n'est pas pour moi. Vous m'avez bien lu, n'est-ce pas. J'ai perdu la foi de l'enfance aux candides regards d'azur qui m'enseignait: la confiance dans un sentier paisible et sûr et j'ai écrit cela il y a huit ans, je n'y changerai rien. Enfin va pour la cérémonie religieuse ! » Il me disait aussi : « Mon paganisme porte encore l'empreinte des rêves chrétiens. » Et puis les morts appartiennent à ceux qui restent, et nous voilà arrivés à Notre-Dame-du-Travail. C'est une belle église édifiée il y a trente ans au milieu de terrains vagues, par un abbé hanté par la question sociale. Il voulait rapprocher les ouvriers de la religion. La charpente et les colonnes sont en fer comme dans une usine et, dans les chapelles latérales, les images pieuses et les inscriptions évangéliques y célèbrent les travailleurs en modernes soldats du Christ. Un tableau récent et d'une grande force expressive représente d'ailleurs des poilus dans la tranchée comme sur un chemin de croix. Tout cela est bien pour moi, le socialiste qui a gardé la foi du charbonnier de ses parents et certainement moins pour la famille de mon camarade, bien que la mère du sous-lieutenant y enseigne le catéchisme aux enfants. On s'installe en silence sans rien regarder autour de soi, Mercedes a déposé un modeste bouquet de fleurs sur le cercueil, je me tiens à l'écart, au dernier rang, l'office des morts commence, un harmonium essoufflé joue « Que ma joie demeure », et le prêtre cite bravement Péguy dans son sermon : « La mort n'est rien, je suis simplement passé dans la pièce d'à côté. » Même si son catholicisme exalté sentait le soufre, cette église si différente des autres aurait dû lui convenir et me rapprocher de lui, mais je n'ai jamais suivi cet illuminé dans ses appels à fusiller Jaurès le pacifiste et à se mobiliser pour une guerre juste contre la barbarie allemande. Un lyrisme puissant et dévoyé parmi le désordre des idées d'avant-guerre et 27 000 morts pour la seule journée du 22 août 1914, la folie a fait pencher la balance du mauvais côté. On peut certes admirer que le lieutenant Charles Péguy soit tombé pour la patrie aux confins de la bataille de la Marne, trois ans presque jour pour jour avant mon camarade dont une cruelle ironie voulut qu'ils portassent le même prénom, mais cette fin réputée glorieuse, debout parmi les morts, en pleine mitraille, en exhortant les survivants terrorisés à monter encore à l'assaut, a toujours suscité en moi des sentiments amers. Charles considérait cette forme d'héroïsme aveugle avec horreur. C'était un officier qui s'efforçait à épargner la vie de ses hommes autant que cela serait possible, obéissant aux ordres et méprisant l'ivrognerie mentale de la plupart de ses supérieurs. Il n'y a pas de bonne guerre, juste des morts inutiles. Mais dans l'assistance statufiée qui suivit la messe pour le sous-lieutenant Cahier en répétant machinalement les prières en latin, on pensait peut-être qu'il

fallait « une belle mort » comme celle-là pour trans-
figurer une vie en destin exemplaire. Pas la vieille
petite grand-mère de Cambrai dont les sanglots cou-
vraient le son de l'harmonium et résonnaient sur
toute la ferraille de la nef.

Je m'en suis allé après l'absoute et l'*Ave Maria*
de Gounod. C'était une assez bonne fin pour moi
et pour Charles qui le préférait à celui de Schubert.
Toujours cette passion pour Bach dont Gounod
s'était inspiré.

Des voitures de place emmenaient les parents et les
proches du défunt au cimetière de Bagneux, où
reposent les pauvres morts qui n'ont pas trouvé de
place à Paris, les cousins éloignés et les connaissances
avaient droit à un autobus affrété pour l'occasion. Je
me suis surpris à penser que c'étaient de grosses
dépenses pour des gens dans la gêne et à imaginer des
discussions acrimonieuses à ce sujet entre le père et la
mère de Charles. Je ne voulais pas affronter l'épreuve
d'un long parcours à travers la banlieue, à subir les
conversations filandreuses d'inconnus qui n'étaient
rien pour moi et que je ne reverrais plus. Sur le parvis
détrempé de l'église désertée, devant une sorte de
zone de masures sordides et de baraques abandonnées, le vent dispersait les pages d'un journal que personne n'avait replié. De gros titres annonçaient les
dernières gesticulations de Poincaré pour faire payer
l'ennemi, les ravages d'une inflation inouïe en

Allemagne. Poincaré, le fauteur de guerre adulé par une bourgeoisie bornée de faux patriotes et de profiteurs, l'homme sans cœur qui riait dans les cimetières et le pays des Boches vaincu, humilié, démembré, plongeant dans une misère sans nom. Je restais sans savoir où aller, en proie à de sombres pensées : voilà, sous-lieutenant mon ami, votre mort a été inutile, tout va recommencer un jour ou l'autre et ce sera bien pire.

*
* *

III

Ils viendront te chercher

Andrea vient de mourir à Sydney, en Australie, si loin de Rome, si loin de moi. Je n'avais presque plus de nouvelles de lui depuis plusieurs mois. Notre dernier échange sur Skype s'était achevé abruptement car il était déjà trop fatigué pour soutenir l'effort d'une longue conversation. Ensuite, il n'avait plus répondu à mes appels que par de brefs messages, toujours affectueux mais comme détachés de nos souvenirs. La mort de Geronimo, emporté à Milan par le Covid au début de l'épidémie, l'avait certainement dévasté, mais il ne voulait pas l'évoquer non plus. J'ai seulement reçu un faire-part, le chagrin était trop lourd. Ce même chagrin que j'éprouve aujourd'hui en apprenant qu'Andrea s'est éteint.

Maintenant toute cette histoire est achevée. Elle m'aura accompagnée depuis la fin de mon enfance d'une manière obsédante et quasi clandestine. Je crois n'en avoir jamais parlé, autrement que par des allusions très vagues auprès d'inconnus qui n'écoutaient pas et de toute façon personne n'aurait compris. Les « amis pour la vie » étaient trois : Andrea, Geronimo et moi, le garçon venu d'ailleurs qui les avait aimés longtemps, sans qu'ils le sachent et dont ils avaient finalement accepté la présence quand ils me connaissaient à peine. Ils étaient alors âgés, avec toute une vie derrière eux mais encore juvéniles et attachés à leur passé, comme je l'étais aussi moi-même. Nous avions toujours Rome au cœur. Je garde leurs images, le son de leurs voix, des traces éparses de leurs existences et de leurs familles. Et puis un sentiment de très grande tristesse en pensant à leur mort et à la solitude où elle me laisse, pour affronter sans eux la mienne qui ne devrait pas tarder. Et après moi, qui se souviendra encore de nous ?

Amis pour la vie (*Amici per la pelle* en italien) est un film de Franco Rossi qui date de 1955. Il raconte l'histoire de l'amitié entre deux garçons au seuil de l'adolescence. L'un des deux est un angelot de bonne famille, poli et vêtu comme un milord, il n'a plus sa mère et vit avec son père, un diplomate important, c'est Andrea. L'autre est un beau gosse plus populaire, vivant au sein d'une famille chaleureuse, il est aventureux, regarde un peu partout et sait user de son charme, c'est Geronimo. Dans le

film, ils s'appellent Franco et Mario mais ils sont
si à l'aise dans leurs rôles que je préfère leurs vrais
prénoms, c'est à croire que le scénario a été écrit
spécialement pour eux. En effet, on n'est pas seulement entraîné dans le face-à-face du chérubin
blondinet et du bel allumeur aux cheveux bruns
qui vont tellement s'attacher l'un à l'autre, tous les
deux très beaux chacun dans son genre et pas non
plus dans le registre des amitiés particulières car
les filles ne sont pas loin, mais dans le récit d'un
apprentissage sentimental ou plutôt d'un premier
amour, raconté avec une délicatesse, une finesse et
une intelligence qui ont suscité d'emblée en moi
une émotion vraiment extraordinaire. J'ai revu le
film souvent, et elle ne s'est jamais effacée. Tout
se passe à Rome, la capitale italienne des années
cinquante, après le néoréalisme et avant le plon-
geon dans la dolce vita, la ville de province encore
sommeillante, filmée avec le somptueux noir et
blanc d'un opérateur hongrois génial, Gábor
Pogány. Il y a la Via Appia comme à la campagne
où les deux garçons pénètrent dans la maison abandonnée qui scellera le destin de leur relation, le
quartier du Coppedè et ses immeubles tarabiscotés
en rococo 1900 où Geronimo emmène Andrea
dans une surprise-partie avant de le rassurer :
« C'est toi que j'aimerai toujours », les avenues
bourgeoises et rectilignes des Prati où ils font de la

Vespa en riant comme des fous, les monuments
célèbres qui n'apparaissent que de loin et à contre-
jour, gardiens fantomatiques et silencieux de la
fugue de Geronimo, et déjà la musique de Nino
Rota dans les rues obscures noyées sous les pluies
d'automne, lorsque Andrea déploie son parapluie
pour se mettre à l'abri avec Geronimo. Un monde
hors du temps, inconnu des touristes, où j'ai si
souvent mis mes pas dans ceux des deux garçons,
comme si je pouvais enfin les rattraper tant
d'années après le film qui se déroulait encore dans
ma mémoire. La mise en scène élégantissime de
Franco Rossi orchestre toutes les nostalgies, celle
de l'amitié d'Andrea et de Geronimo, celle de ma
propre jeunesse où mon ami pour la vie n'a pas
atteint l'âge d'homme foudroyé par un mal incu-
rable, celle de la Ville éternelle qui m'enveloppe
quand je marche dans la nuit, escorté par les miau-
lements désespérés des chats en mal d'amour.

C'est un film qui finit mal, par la séparation des
deux garçons à la suite d'un malentendu cruel dont
Geronimo s'est rendu coupable. Franco Rossi a
d'ailleurs hésité et tourné une fin heureuse, mais
il ne l'a pas gardée. Il a eu raison de choisir un
dénouement aussi triste, c'était trop beau pour
durer cet amour-là, si pur et si profond, il fallait
que ça se termine mal. On avait oublié que la fatalité menace toujours les promesses d'éternité, les

deux garçons étaient encore trop jeunes pour en avoir conscience. Et moi je pleure à chaque fois, quand je sens revenir la fin irréversible, comme Geronimo devant l'avion qui décolle et emporte Andrea pour toujours. Mais quelle est donc cette peine en moi qui vient de si loin et dont le film rallume la douleur ? Les inavouables tragédies de la jeunesse qui sédimentent et grandissent peu à peu pour revenir frapper sans crier gare et de plus en plus fort ? J'ai toujours aimé les films qui font pleurer, sous des formes aussi diverses que les grands mélos flamboyants américains, les fictions mélancoliques italiennes, les subtiles chroniques familiales japonaises. *La Fièvre dans le sang*, *La Strada*, *Voyage à Tokyo*, Kazan, Fellini, Ozu et d'autres qui me bouleversent toujours autant. Mais *Amici per la pelle* c'est encore autre chose, le film au plus près de mon enfance qui raconte une seule histoire de mes histoires. La jeunesse et le charme solaire des deux héros, l'élan qui les porte l'un vers l'autre, la période qui correspond à peu près à celle de ma prime jeunesse, le lycée et les escapades, l'apprentissage des différences sociales, la Rome bourgeoise si proche des beaux quartiers où j'ai grandi, et puis la langue italienne qui m'a toujours enchanté. Tout ce qui ressemble tellement et n'est quand même pas pareil. Lorsque je regarde des photos de moi qui datent de ces temps-là, perdu

parmi des camarades de classe bien alignés, avec
ma petite cravate, mes cheveux bien soigneusement
peignés et cet air triste que la bonne éducation
m'interdisait d'exprimer, j'ai l'impression de voir
Andrea. Et quand je regarde des photos de celui
qui était alors mon ami de cœur, le disparu exsu-
dant de vitalité, d'énergie et d'insolence, juste un
peu plus âgé que moi, je retrouve aussitôt Geronimo. Les années de lycée, ce sont des années de
séparations et de retrouvailles au rythme des
périodes scolaires, de solitudes silencieuses et de
vagues d'espoir irraisonné, dans une ambivalence
de rêves qui se fracasseront sur une réalité que je
ne connais pas encore. Les deux garçons qui étaient
si contents de tourner dans un film et si heureux
de découvrir qu'ils s'entendaient tellement bien,
ont-ils pensé un seul instant qu'ils ne jouaient pas
seulement au cinéma et que le beau scénario qu'ils
apprenaient si facilement par cœur annonçait leur
mort ? Sans doute pas, ou alors pour un jour ou
l'autre si lointain qu'il leur était impossible de
l'imaginer. Mais moi c'est toujours à cela que je
pense quand je revois le film, à cette séparation
ultime que rien ne peut réparer. Il paraît que
Franco Rossi n'avait même pas besoin de les diriger
de très près, juste leurs places, les mouvements, les
lumières, tant ils se sentaient confiants, sûrs d'eux,
invincibles. Et voilà pourtant c'est arrivé, bien des

années plus tard, Geronimo le premier, Andrea qui vient de le suivre, à Milan et à Sydney, on ne se retrouve pas après la mort et moi je n'ai plus personne à qui confier ce qu'il me reste d'enfance.

Amici per la pelle remporte un grand succès en Italie lors de sa sortie en 1955, des critiques très élogieuses dans la presse, le prix de l'Office catholique du cinéma au Festival de Venise. Mais la bénédiction de l'Église en ces temps de Démocratie chrétienne triomphante – à vrai dire plutôt insolite au point que l'on se demande qui a regardé vraiment le film parmi le jury qui l'a couronné – est un cadeau empoisonné qui escamote sa subtilité, la profondeur de son analyse sentimentale, son lyrisme élégiaque. Malgré plusieurs diffusions à la Rai, il se retrouve peu à peu au purgatoire du cinéma pour toutes sortes de raisons qui tiennent à l'évolution de la société italienne et aux changements des préférences de cinéphiles. C'est un peu ce qui arrivera quelques années plus tard à *Incompreso – L'Incompris –* le chef-d'œuvre de Luigi Comencini, qui mettra longtemps à être justement apprécié, alors que j'attends toujours la même reconnaissance sans appel pour mon film bien-aimé. Quant à Franco Rossi, malgré sa riche carrière jalonnée de longs-métrages remarquables, il s'est aussi perdu dans la réputation en demi-teinte des réalisateurs de talent, qui ont tourné à l'ombre des grands maîtres sans atteindre leur éclatante renommée, Zurlini, Pietrangeli, Lizzani, d'autres encore à qui je garde une place de choix dans ma mémoire. Le fait qu'il ait tourné à la fin de sa vie plusieurs séries spectaculaires pour la télévision n'a pas arrangé les choses, le petit écran s'est refermé sur lui comme un tombeau et il est aujourd'hui complètement oublié, sauf pour quelques nostalgiques impénitents dans mon genre qui ne le confondent pas avec Francesco Rosi.

Les deux garçons se sont séparés après la sortie du film pendant quelques années, leurs familles les emportent sur des chemins différents. Geronimo est un peu plus grand qu'Andrea, il a beaucoup de succès auprès des filles qui se battent pour obtenir des autographes lors des premières à répétition qui se déroulent dans les grandes villes. On est encore au temps des salles monumentales avec rideau de scène, foyer comme au théâtre, plantes vertes, messieurs en smoking blanc qui assurent une présentation fleurie et personnalités politiques locales rassurées par l'imprimatur catholique. La presse se fait largement l'écho de la célébrité soudaine de Geronimo dans le style « une jeune vedette vient de naître ». Franco Rossi l'accompagne, un peu inquiet devant la popularité inattendue de son jeune acteur et toute cette effervescence qui l'entoure. Geronimo est évidemment ravi par cette accélération d'événements joyeux, mais il ne prend pas la grosse tête et sa modeste famille, originaire de Fiume, mi-italienne mi-croate, est assez solide pour lui épargner les ravages d'une célébrité envahissante. Mais ce sont des gens qui n'ont jamais eu beaucoup de chance et ils pensent qu'il ne faut pas arrêter la roue de la fortune de leurs fils quand elle tourne dans le bon sens. Il franchit très vite les premiers degrés de l'adolescence, le charme est intact, il continue à faire du cinéma et enchaîne une vingtaine de films en dix ans. Avec des réalisateurs importants comme Blasetti, Monicelli, Freda qui ne s'intéressent pourtant pas vraiment à lui, ne savent pas trop quoi faire de sa beauté insolente et ne mettent guère en valeur dans des seconds rôles ses réels dons de comédien qui n'a pas eu le temps de suivre des cours. Ou alors sous la direction d'artisans qui tournent à l'arrache des comédies commerciales et l'utilisent comme un jeune premier de charme pour un public populaire et des magazines à sensation plutôt vulgaires, qui lui inventent des amours de starlettes. De temps à autre, une séquence plus réussie lui permet de retrouver brièvement un peu de la magie que Franco Rossi avait su si bien saisir. Un *ragazzo* déluré de banlieue sur sa Vespa, un tombeur de beautés murissantes traînant dans un palace, mais ce ne sont plus que des flashs et la grâce se perd

dans un défilé d'œuvrettes sans relief. Ce genre de
cinéma qui recycle les aspirations petites-bour-
geoises du miracle économique marche très bien.
Geronimo tourne beaucoup, il gagne de l'argent,
se perd dans l'heureuse folie des nuits romaines,
collectionne les aventures. Il est trop jeune pour
s'inquiéter du dérapage insidieux de sa carrière et
ne trouve plus personne sur son chemin pour le
conseiller avec discernement. Totò s'attache à lui
et en fait le beau gosse de service de quelques-unes
de ses comédies loufoques, mais ça ne suffit pas à
le sortir de l'ornière d'un cinéma de deuxième
ordre. Il fait sourire le public des familles comme
un gentil garçon que le génial histrion promènerait
en laisse, et au même moment Pasolini impose la
présence excitante et sulfureuse des voyous équi-
voques et sexy qu'il ramasse dans les faubourgs de
Rome. On ne parle pas la même langue et Geronimo paraît bien fade. Il rate aussi deux opportuni-
tés qui auraient pu le sauver : Visconti le voudrait
parmi les enfants du *Guépard*, quelques lignes seulement, mais la garantie d'être bien filmé et de se
retrouver avec la crème du cinéma dans une production internationale. Pourtant son père, qui n'a
pas les bonnes clefs, le met en garde : il faut éviter
de travailler pour ce vieux pédé qui va ruiner sa
réputation quand on lui propose une comédie sans
danger après l'autre. Geronimo ne résiste pas au tir

croisé des objurgations paternelles, à moins qu'il ne soit déjà trop habitué à la vie facile de playboy à la petite semaine. C'est Pierre Clémenti qui décroche le rôle. Riccardo Freda en fait le Roméo d'une nouvelle adaptation de Shakespeare, mais Zeffirelli tourne en même temps sa propre version avec d'énormes moyens et une direction artistique somptueuse. La concurrence est trop sévère, impossible de résister, le film de Zeffirelli triomphe, celui de Freda est laminé. Geronimo sent bien qu'il ne pourra pas remonter la pente, il se détache d'un cinéma qui ne lui offre plus rien d'intéressant. Une héritière de bonne famille attend un enfant de lui, l'imprudence vire au scandale dans une Italie où le moralisme officiel étroit fait la loi. Le père de la jeune fille a le bras long, il exige qu'il régularise la situation et lui propose de le prendre dans ses affaires. Geronimo accepte comme s'il s'agissait d'un autre scénario, provisoire et rassurant. La grande bourgeoisie vient de refermer ses mâchoires sur lui, il ne lui échappera plus.

J'ai mis longtemps à retrouver Geronimo, il avait disparu quand je suis parti à sa recherche, et lorsque je suis enfin arrivé à le joindre, j'ai senti qu'il était réticent à l'idée de me rencontrer. Il avait changé de vie depuis soixante ans et enfermé à tout jamais le film dans un recoin de sa mémoire. C'était le trésor secret de sa jeunesse et il ne pouvait

le partager qu'avec Andrea et non avec un étranger
surgi de nulle part. Il est probable que d'autres fous
l'avaient aussi harcelé dans le passé. Malgré tout,
nous avons parlé à plusieurs reprises au téléphone et
j'ai senti que je l'apprivoisais peu à peu. Il était
d'ailleurs toujours très courtois, évoquait sa carrière
cinématographique décevante avec une ironie légère
et découvrait pour moi peu à peu l'immense tendresse qu'il portait à Andrea. C'est ainsi que j'ai
compris qu'ils continuaient à se revoir régulièrement
depuis le mitan des années quatre-vingt. Je lui par-
lais aussi évidemment de moi et de ma propre expérience du cinéma, entre le film que j'avais tourné à
peu près au même âge qu'Andrea et lui, ainsi que
des salles dont je m'étais occupé pendant de longues
années. Un autre enfant venait le tirer par la
manche. Avec le temps, mon obstination a eu raison
de ses hésitations et il est probable qu'Andrea a su
aussi le convaincre de me recevoir. Finalement nous
avons choisi une date pour un rendez-vous à Milan.
J'avais l'impression d'atteindre un but obscur que je
m'étais fixé, celui d'être en mesure d'écrire une suite
aux *Amis pour la vie* qui prolongerait la plus belle
illusion de ma jeunesse. La mort en a décidé autrement, comme on le dit dans les feuilletons, en le
saisissant brusquement alors que je venais de
prendre mon billet de train. C'est Andrea qui a pris
contact avec moi, au téléphone depuis l'Australie,

sur ma ligne directe. Je ne m'y attendais pas. Je lui avais envoyé une lettre quelques semaines plus tôt où je lui disais à quel point le film avait compté pour moi et comme je serais heureux de pouvoir en parler avec lui. Oui, ce film très ancien auquel il ne pensait peut-être plus depuis longtemps. C'était une bouteille à la mer, je n'en espérais pas grand-chose, un vague message de remerciements m'aurait suffi sans doute, mais au fond je n'y croyais pas vraiment, je n'étais même pas sûr de son adresse à Sydney. Au même moment Geronimo continuait à m'échapper. Je commençais à me faire une raison, à mesurer l'absurdité de mes démarches, à me dire qu'il était temps que je fasse enfin mon deuil de toute cette histoire, même si le chagrin continuait à frapper à la porte de ma mémoire.

Sa voix était chaleureuse, le ton très amical, il m'a vite appelé par mon prénom, la vie ne s'était pas interrompue, elle continuait, je n'avais pas eu tort d'insister. Il m'a dit qu'il avait décidé de me répondre parce que ma lettre était très gentille et qu'elle l'avait beaucoup touché, il me demandait aussi de l'excuser d'avoir tardé à prendre contact avec moi. Il avait hésité en effet à me répondre après avoir pris sur Internet des renseignements à mon sujet qui n'étaient évidemment pas très engageants, puis il avait décidé de passer outre et de m'appeler, par politesse et par curiosité aussi sans doute. En l'écoutant, j'imaginais l'enveloppe traînant sur son bureau pendant quelques jours, là-bas à l'autre bout du monde, et lui perplexe, à l'ouvrir pour déchiffrer mon écriture, à la refermer et à l'ouvrir à nouveau à plusieurs reprises. Il m'arrive d'attendre des mois avant de réagir quand je reçois des messages d'inconnus qui demandent à me voir, même s'ils sont intéressants et bien écrits, et il m'arrive aussi de les abandonner dans le vide avant de les oublier. Il y a de quoi être désemparé quand le passé resurgit sans prévenir. Ensuite nous ne nous sommes plus quittés durant au moins deux ans, au rythme d'une conversation par semaine et jusqu'à ce qu'il ne soit plus en mesure de me parler aussi régulièrement. L'invention miraculeuse de Skype m'a permis de le voir enfin. Un homme âgé certes, mais qui avait toujours les traits, le maintien et le sourire, le regard de son enfance dont il gardait le souvenir intact. Et puis je n'étais plus jeune non plus, nous avions toujours eu à peu près le même âge. J'ai ainsi visité sa petite maison à Sydney, connu sa femme, croisé des visiteurs, regardé des photos, écouté les confidences sur sa vie qu'il voulait bien me faire. Un autre film qui se déroulait pour moi encore en noir et blanc et dont le scénario prenait enfin la suite de celui qui m'avait amené à lui.

Andrea est envoyé en pension à l'étranger après la première du film à Rome. Angleterre, Allemagne, je ne sais plus, en tout cas un établissement sélect et sévère pour des garçons déjà dressés par une éducation stricte. Il a juste eu le temps d'assister à l'envol de Geronimo vers la célébrité, gaiement et sans jalousie. J'oublie toujours qu'ils sont tous les deux très contents de ce qui leur est arrivé, l'expérience d'un tournage, la découverte du monde du cinéma, c'est dans le film qu'ils sont malheureux, et seulement à la fin. L'internat, c'est une décision de son père pour le mettre à l'abri de toute effervescence et pour qu'il comprenne que le chapitre du cinéma est bel et bien refermé. Sur le générique, il apparaît comme Andrea Sciré, un pseudonyme a priori mystérieux mais qui fait référence au nom du sous-marin commandé par son père Junio Valerio Borghese durant la guerre. La famille des princes Borghese appartient à la plus haute et très ancienne aristocratie d'Italie. On ne compte plus les cardinaux, les ministres et les ambassadeurs, et même un pape qui en sont issus et son magnifique palais au cœur de Rome abrite toujours des descendants de l'illustre famille, ainsi que le très élégant Cercle de la Chasse, un refuge des nostalgiques de la monarchie, où il faut montrer patte blanche pour y être admis. Junio Valerio Borghese, belle gueule d'aventurier pour films d'action, au regard d'acier, est un authentique héros de guerre. Aux commandes de son sous-marin et à la tête de son escouade de nageurs de combat, il a coulé plusieurs navires de guerre anglais dans le port d'Alexandrie et à Gibraltar, suscitant la panique dans la Royal Navy. Des archives filmées ont consigné ses invraisemblables prouesses d'homme-grenouille pilotant des torpilles sous-marines déposant les œufs de la mort sous la coque des croiseurs ennemis. Un tel courage pourrait servir d'exemple aux amateurs d'exploits guerriers et de vertu virile si celui qu'on appellera le Prince Noir n'avait pas été un fasciste fanatique au tableau de chasse éloquent : guerre d'Éthiopie, guerre d'Espagne et la fameuse Decima MAS de ses exploits sous-marins. Rallié à la république sociale de Mussolini, monstrueuse annexe de l'Allemagne nazie, menant un combat impitoyable contre les résistants et les partisans communistes jusqu'au dernier quart d'heure, il est sauvé in extremis du peloton d'exécution par des gradés américains qui voudraient le récupérer. À peine libéré, auréolé de la légende de ses prouesses, il s'active furieusement parmi les rescapés du fascisme et tisonne les braises du bon vieux temps dans l'espoir fou d'arracher le pouvoir à la Démocratie chrétienne avec une poignée de trompe-la-mort surexcités. Ce qui manque d'advenir en 1970 lors d'un complot à la manière des colonels grecs où trempent des généraux à la retraite, des francs-maçons égarés, des anciens députés à la ramasse, et quelques tueurs maffieux, attirés par de bons morceaux à partager. Découvert de justesse, il s'enfuit en Espagne où même Franco le trouve un peu remuant, avant de mourir à Cadix quelques années plus tard dans des conditions mystérieuses. Le film de ses obsèques à Sainte-Marie-Majeure où reposent les Borghese, au milieu d'un déferlement de bras tendus et de saluts à la romaine, peut se voir comme le carnet de bal macabre de l'extrême droite italienne et comme la bande-annonce des années de plomb. On imagine sans peine que d'avoir un tel père suscite quelques traumatismes dans la psychologie d'un petit garçon bien obligé d'aimer et d'admirer le héros de la famille. Andrea restera fidèle, tout au long de sa vie, à la mémoire de son père qui l'a enfermé dans un système d'éducation rigide où il a d'ailleurs su se montrer affectueux avec les bons côtés sympathiques d'une tête brûlée qui sait raconter ses aventures. Le fascisme endurci du Prince Noir est une donnée objective qu'il ne questionne pas. Ce n'est pas un sujet de conversation, et il ne me parle pas beaucoup de lui sauf pour évoquer quelques détails romanesques qui escamotent la réalité politique asphyxiante des convulsions de l'extrême droite italienne. Je n'insiste pas, même si je ne peux m'empêcher de penser que le fait d'être allé s'installer à l'autre bout du monde a relevé certainement d'un formidable instinct de survie. En revanche, il me parle beaucoup de sa mère. Il a 19 ans quand elle meurt et il ne s'en remettra jamais. C'est une comtesse russe, refugiée à Rome après la révolution bolchévique comme une bonne partie de l'aristocratie blanche. Un être poétique et tendre, pétri de gentillesse et d'indulgence dont la fantaisie et la gaieté lui font découvrir les petits bonheurs de la vie. Je me souviendrai toujours de la surprise émerveillée d'Andrea lorsque j'ai pu lui montrer que j'avais retrouvé le petit guide *La Rome antique* qu'elle avait écrit en l'assortissant de dessins de sa main, un ouvrage délicieux qui permet de se faire une idée de sa personnalité charmante et délicate. Andrea n'est pas enfant unique – une sœur, un ou deux frères dont il ne parlait pas –, mais il vit une relation fusionnelle avec sa mère. Un exemple parmi d'autres : Andrea se plaint auprès d'elle d'être agressé par des hommes qui se frottent contre lui dans le tramway qui l'emmène à l'école, elle décide de l'accompagner chaque matin pendant plusieurs semaines pour démasquer les sales types et leur faire honte.

Junio Valerio Borghese n'est pas l'aîné de sa fratrie, il ne peut donc pas se prévaloir du titre de prince que les sarcasmes de la presse lui attribuent généreusement, mais il dispose d'autres titres nobiliaires parmi toute la panoplie de son héritage dynastique. Il ne s'en sert pas. Les faits d'armes et ses décorations célébrés au temps du Duce lui ont apporté un blason triomphal et plus ténébreux pour provoquer les innombrables ennemis que sa paranoïa lui désigne. La famille vit petitement, le métier de comploteur ne nourrit pas son homme. Les autres Borghese se méfient de lui et le tiennent à l'écart. Ils ne lui apportent qu'une aide mesurée quand l'argent manque mais sans le renier pourtant tout à fait, car l'esprit de caste s'arrange finalement d'une réputation sulfureuse. Andrea n'est pas tenu responsable des errements de Junio Valerio, on l'accueille gentiment avec sa mère au fastueux palais de Rome et il grandit ainsi, partagé entre la fierté de ses origines, la volonté de ne pas déplaire à son père et la conscience aiguë que les changements survenus dans la société ne laissent pas de place à un jeune aristocrate pauvre abreuvé d'illusions. Adolescent, il est convié à partager les loisirs et les rites de la jeunesse dorée romaine, tandis que son père lui refuse un argent de poche qu'il ne pourrait d'ailleurs pas lui donner. Andrea s'en accommode sans se plaindre et se déplace sur une motocyclette rafistolée, pour aller danser avec des jeunes filles promises aux beaux mariages des titres et de la fortune. Ce sont des demoiselles qui se prêtent à des flirts sans conséquences mais qui ne se donnent pas. (*Non ho l'età per amarti, non tro l'età per uscire sola con te...*) Il semblerait que des femmes plus averties, dont il ne me citera pas les noms, s'intéressent quand même heureusement à lui, mais jamais très longtemps. Les portes claquent avant la rumeur publique dans les beaux appartements des Parioli. (*Da una lacrima sul viso, ho capito molte cose, che sei stata innamorata di me, ed ancora lo sei.*) Il regrette le cinéma, seule échappée vers la liberté et une vie différente de celle qui lui est imposée. Valerio Zurlini voudrait absolument l'engager pour l'histoire d'un jeune homme de bonne famille amoureux d'une *Fille à la valise*, Claudia Cardinale en l'occurrence. Il fait des essais avec la complicité de sa mère dont le résultat s'avère encore meilleur que prévu. Mais il est toujours mineur et son père lui interdit cette nouvelle évasion. C'est Jacques Perrin qui hérite du rôle. Devenu majeur, il peut enfin tenter sa chance malgré le bougonnement obstiné de son père. On lui propose un second rôle dans un péplum biblique dont le tournage est prévu en Espagne. Sans un sou vaillant, juste assez pour payer l'essence, il s'élance sur sa motocyclette, franchit les frontières et rejoint juste à temps l'équipe du film après quatre jours d'un périple où il a dormi dans les champs. Cette expérience l'enchante. Mais la production est fauchée, le scénario stupide, le réalisateur un vieux routier fatigué des séries B. Le second rôle consiste à courir à demi-nu à l'assaut d'ennemis imaginaires incarnés par des figurants espagnols loqueteux qui passent et repassent devant la caméra, pour donner l'impression qu'il y a du monde. Enfin, la motocyclette décidément increvable tient le coup pendant le voyage de retour où le vent, la pluie et la fatigue balayent le mirage d'une nouvelle carrière au cinéma. Son père triomphe et voudrait l'entraîner dans ses chimères, sa mère est gravement malade et ne peut plus lui venir en aide et puis sa déception l'a changé, il cherche la sortie de secours. Malgré mille difficultés il a réussi à faire des études d'ingénieur civil, on lui propose un contrat pour un emploi en Australie, il se marie avec Marisa Conti, une jeune et belle amoureuse qui sait l'écouter jusque dans ses silences. Il l'emmène avec lui à l'autre bout du monde. Ils ne reviendront plus. Enfin si, mais brièvement et de loin en loin, en évitant les fantômes.

Andrea est heureux en Australie. Il travaille sur des chantiers d'équipements électriques dans des territoires éloignés avec des mecs frustes qui ne savent rien de lui, ne lisent jamais, ne parlent que de femmes et de chasses aux kangourous. Ils éclusent sérieusement le soir après le travail des centaines de canettes de Foster's avant d'aller s'effondrer comme des bêtes de somme dans des conteneurs mal climatisés. Horizons immenses qui se perdent à l'infini, étendues désertes où seules

changent les couleurs selon les heures de la journée : c'est une vie au grand air, de l'aube jusqu'au
coucher du soleil, mais où le travail est rude,
réclame de solides qualités physiques et une attention constante. On lutte contre le vent, la poussière
et la chaleur, la corrosion du matériel. Andrea a
hérité des qualités de commandement de son père,
les hommes le suivent aveuglément comme des soldats. Il y a aussi des accidents, parfois mortels : des
travailleurs chutent des poteaux métalliques, s'élec-
trocutent sur les lignes à haute tension, se font
mordre par des serpents, s'écrasent en voiture la
nuit durant les chasses au phare, cèdent à des crises
de folie, à force d'être coupés du monde. Andrea
sait faire face à tous ces drames, il en retire une
grande satisfaction personnelle. Il retourne régulièrement à Sydney où Marisa s'est aussi bien adaptée
que lui malgré la routine provinciale d'un pays où
presque tout ferme à cinq heures. Elle donne naissance à trois enfants. Quand je dis à Andrea qu'il
a choisi finalement une sorte de vie militaire
comme celle que son père envisageait pour lui, il
se contente de rire doucement sans me répondre.
Mais il n'a pas complètement rompu avec l'Italie.
Il y retourne pour mettre en ordre les affaires de
son père encore plus embrouillées après l'échec du
coup d'État ourdi par *il Principe Nero* et sa fuite en
Espagne, et aussi pour régler son maigre héritage

quelques années plus tard : essentiellement un *palazzo* situé à Artena, ancien fief parmi tant d'autres de la famille Borghese dans la campagne romaine. Son fils Valerio s'en occupera plus tard afin de tenter de résister aux coups tordus de la municipalité pour s'en emparer. C'est au cours de l'un de ces séjours qu'il revoit enfin longuement Geronimo, avec qui il a repris l'habitude de correspondre. Ils vont sur la tombe de Franco Rossi et font plusieurs balades dans des voitures anciennes dont Geronimo fait la collection. Ils ne vont plus cesser de s'écrire ensuite et de se parler en longue distance. Mais le décalage horaire ne facilite pas les choses et Geronimo n'a pas changé décidément. C'est à croire qu'il mène plusieurs vies tant il est parfois difficile de le joindre. On ne sait jamais quand il rappellera, même s'il rappelle toujours. À l'heure de la retraite, Andrea et sa femme décident de rester en Australie tandis que les enfants, désormais adultes, regagnent l'Italie. Ses années de travail acharné ont obéré sa santé, à force d'avoir inhalé des solutions acides sur les chantiers, ses poumons se sont abîmés et il a du mal à respirer. C'est dans cet état que je le trouve quand nous commençons à nous parler. Il me presse d'ailleurs d'aller le voir à Sydney car il sent qu'il n'en a plus pour longtemps à vivre. Mais c'est finalement à Artena que je le rencontre, autrement que sur

Skype, pour la première et unique fois lors de ce qui sera son dernier retour en Italie.

Artena est une très jolie petite ville ancienne, accrochée sur une colline escarpée à une trentaine de kilomètres au sud de Rome. Le cardinal Scipion Borghese s'en est emparé au XVIIe siècle avec les terres qui l'entourent, après une des guerres civiles de ces époques-là. Il est le neveu du pape, dispose d'une fortune considérable et d'un goût très sûr qui lui permettent de constituer une collection magnifique pour orner sa grande villa de Rome. Le Caravage, Raphaël, le Titien, le Bernin, trésors pour l'histoire de l'art. Mais sa réputation de trop aimer les éphèbes fait fulminer son oncle et il se retire souvent dans son fief pour laisser passer les orages. Il reconstruit donc Artena, édifiant un palais à sa mesure, un arc de triomphe, des greniers à blé et des fontaines, une superbe église, la *Chiesa di Santa Croce*, qui surplombe le lacis des ruelles en pente. De pieuses processions rassemblant de nombreux fidèles s'y déroulent encore chaque année au mois de mai, pour célébrer les miracles de la Sainte Vierge. Mais enfin les temps ont bien changé et l'empreinte Borghese s'est effacée peu à peu, il n'en reste que des reliefs anonymes. La municipalité a finalement réussi à racheter à vil prix le *palazzo* pour s'y installer, elle mange peu à peu le parc dont une partie est désormais vouée à un parcours de motocross et à des attractions foraines. En bas, le paysage harmonieux de la plaine agricole et fertile n'a pas résisté non plus aux blessures de la vie moderne : grandes surfaces, équipements de sport et de loisirs populaires, stations-service, hôtellerie bas de gamme, néons agressifs. Mais Valerio, le fils d'Andrea, tient bon. Il habite encore Artena, dans une maison-musée qui surplombe avec indifférence le paysage meurtri, en gardien de la mémoire d'un passé dont les touristes de passage ne savent à peu près rien. Il est malheureusement absent lorsque j'arrive avec un taxi qui me détrousse d'une fortune avant d'aller m'attendre devant la retransmission d'un match de foot au département téléviseurs du Carrefour City. Andrea m'attend chez son fils, avec Marisa, sa belle-fille, ses petits-enfants. Un garçon et une fille, des adolescents polis, beaux et souriants, d'une génération qui ne parle pas français. Je cherchais un enfant, je découvre un grand-père, mais ce n'est pas une surprise et pas une déception non plus. Je le trouve d'ailleurs mieux que sur Skype, il dirige la maisonnée avec autorité, il est bien toujours le garçon de l'aéroport de Ciampino il y a soixante ans, celui qui a décidé de partir, parce que son ami lui a manqué. Aujourd'hui, je ne sais plus très bien ce dont nous avons parlé. C'était une sorte de réunion de famille où l'on s'en tient à des propos généraux et impersonnels, dans une atmosphère aimable et vague, à fleur de sentiments, sans insister car cela nous ramènerait trop loin. Le passé flottait autour de nous comme un voile de soie légère, nous n'avions pas besoin de l'attraper pour nous en revêtir. Nous avons quand même évoqué un certain nombre de choses que je pourrais mettre dans la nouvelle version, ou dans la suite du film comme on préfère. Sa volonté de finir ses jours en Australie car il ne reconnaissait plus l'Italie de sa jeunesse, ce *palazzino* abandonné sur une petite place d'Artena qu'il voulait confier à Valerio afin de le restaurer pour les petits-enfants, le livre de souvenirs qu'il espérait avoir encore le temps d'écrire, l'album de photos de ses parents qu'il souhaitait rassembler pour évoquer la vie qu'ils menaient avant d'être obligés de vendre le *palazzo*. Il me demandait aussi mon avis, c'était normal puisque j'étais devenu son autre « ami pour la vie ». Les deux adolescents restaient immobiles comme des statues de pierre et regardaient sans rien dire ces deux vieux messieurs s'entretenant dans une langue étrangère, mais je ne doutais pas qu'ils comprenaient l'essentiel. Nous avons essayé aussi de joindre Geronimo pour lui dire que j'étais bien venu comme promis, mais nous sommes tombés sur le répondeur. Andrea en avait l'habitude, il a soupiré pour la forme et pour que je ne sois pas trop déçu, tout en m'assurant qu'on finirait bien par se réunir un jour, tous les trois. Au ton de sa voix qui tremblait un peu, j'ai senti une fois de plus à quel point il aimait son ami et comme il m'aimait aussi. Pas dans la même proportion mais quand même, et sans doute de plus en plus. Il y avait aussi un petit problème Marisa, elle essayait de comprendre depuis longtemps les vraies raisons de mon attachement pour Andrea et pour Geronimo, et là sur la terrasse de la maison-musée, elle insistait doucement pour savoir. Mais je ne pouvais pas les lui donner car c'était trop compliqué à expliquer en somme, elles étaient aussi incompréhensibles pour moi et je sentais bien que mes réponses évasives la décevaient. Et puis nous avons bu un peu de prosecco, contemplé le coucher du soleil, profité à plein du grand calme et du silence entre nous. Le moment était venu pour moi de repartir, le taxi attendait devant la grille, comme l'avion sur le tarmac. Il m'a dit : « Je t'attends à Sydney. » Je lui ai répondu : « Oui, c'est sûr, je vais venir bientôt. » Nous savions l'un et l'autre que nous n'allions plus jamais nous revoir.

....

Georges Millandy, « Le Cœur de Ninon », arrangement Raphaël Beretta sur les motifs de la célèbre valse italienne « Tesoro Moi » d'Ernesto Becucci, G. Ricordi & Cie, 1900.

Charles Cahier, *Le Retour de Lesbie. Drame en un acte en vers*, impr. Firmin et Montane, 1913.

Bénech (Ferdinand-Louis Bénech) et Dumont (Ernest Dumont), « Du gris », Louis Bénech Éditeurs, 1920.

Nisa (Nicola Salerno), Mario Panzeri, Gene Colonnello, « Non ho l'età (per amarti) », dans *Non ho l'età (per amarti)/Sei un bravo ragazzo*, Gigliola Cinquetti, 45 tours, CGD, 1964.

Mogol (Giulio Rappetti Mogol), Bobby Solo, « Una lacrima sul viso », dans *Una lacrima sul viso/Non ne posso più*, 45 tours, CGD, 1964.

Cet ouvrage a été mis en pages par

<pixellence>

CET OUVRAGE
A ÉTÉ ACHEVÉ D'IMPRIMER
SUR ROTO-PAGE
PAR L'IMPRIMERIE FLOCH
À MAYENNE EN JANVIER 2025

N° d'édition : 540733-0. N° d'impression : 106193
Dépôt légal : février 2025
Imprimé en France